돌이킬 수 없는 유혹,

중독

미래생각발전소 22 돌이킬 수 없는 유혹, 중독

초판 1쇄 발행 2024년 4월 15일
초판 6쇄 발행 2025년 6월 30일

글쓴이 김성호 | **그린이** 이경국
펴낸이 김민지 | **펴낸곳** 미래M&B
등록 1993년 1월 8일(제10-772호)
주소 04030 서울시 마포구 동교로 134(서교동 464-41) 미진빌딩 2층
전화 02-562-1800 | **팩스** 02-562-1885
전자우편 mirae@miraemnb.com | **홈페이지** www.miraei.com
블로그 blog.naver.com/miraeibooks | **인스타그램** @mirae_ibooks
ISBN 978-89-8394-718-5 74300 | ISBN 978-89-8394-550-1 (세트)

* 잘못 만들어진 책은 구입처에서 바꾸어 드립니다.
* 이 책은 저작권법에 따라 한국 내에서 보호받는 저작물이므로 무단 전재와 복제를 금합니다.

아이의 미래를 여는 힘, **미래 *i* 아이**는 미래M&B가 만든 유아·아동 도서 브랜드입니다.

지식과 생각의 레벨업

돌이킬 수 없는 유혹,
중독

김성호 글
이경국 그림
김대진 감수

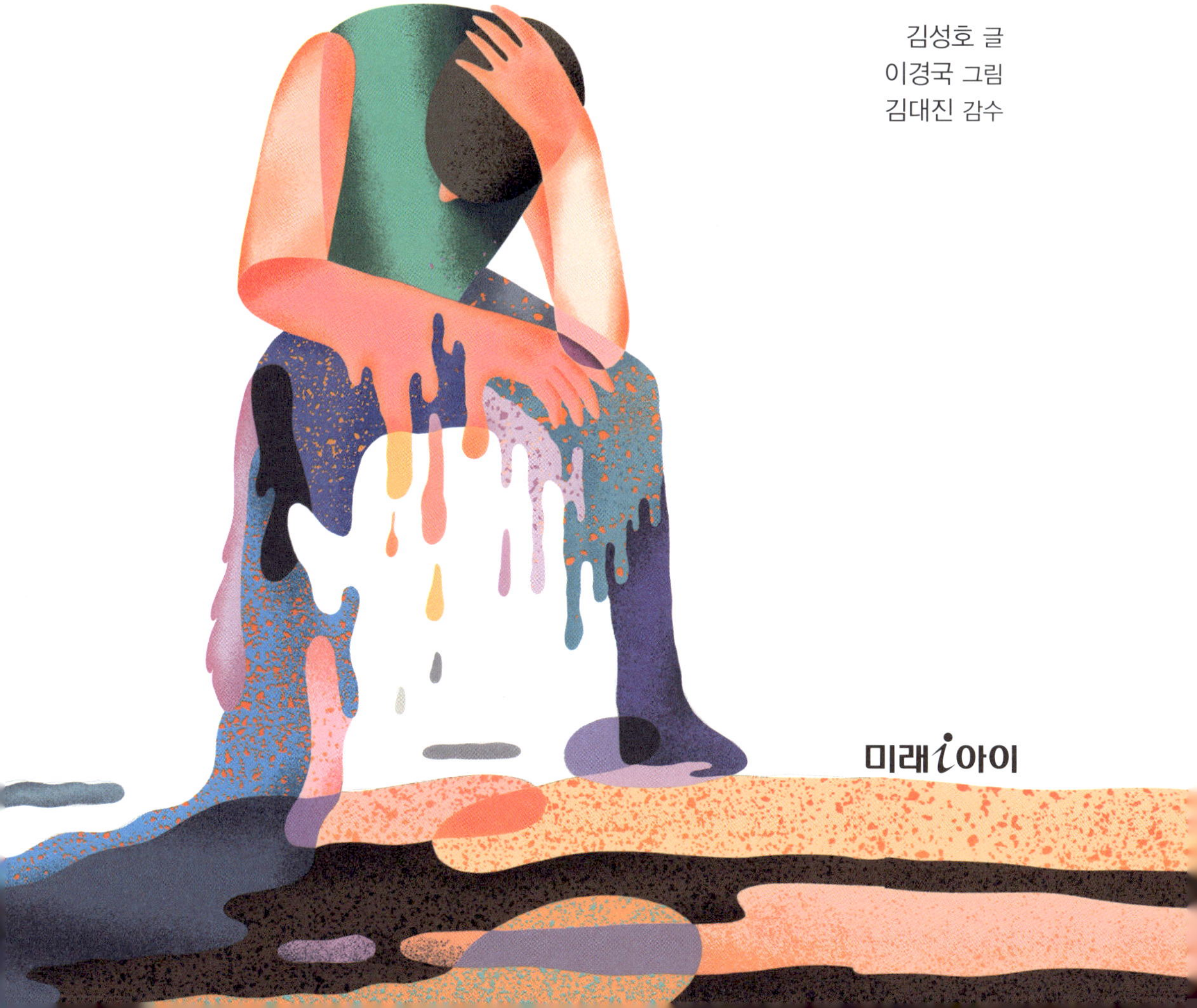

미래i아이

○ 머리말

중독이란 어떤 물질이나 어떤 행위에 습관적으로 의존하는 증상이에요. 케이크, 빵, 라면, 떡볶이를 지나치게 먹는 탄수화물 중독, 자신이 하는 일에 과몰입하는 일중독, 하루에 다섯 잔 이상 커피를 마시는 카페인 중독 등등. 우리나라 보건복지부는 이 중독 중에서 개인과 사회에 심각한 문제를 일으키는 마약 중독, 도박 중독, 알코올 중독, 인터넷 중독, 이 넷을 4대 중독으로 지정했어요. 우리나라 국민 8명 중 1명꼴인 600만 명이 4대 중독 중 최소 하나 이상에 해당한다고 해요.

우리는 왜 중독에 빠지는 걸까요? 중독자들은 왜 그 행동을 그만두지 못하는 걸까요? 옛날에는 중독자에게 모든 책임을 돌렸어요. 술을 끊지 못하는 건 그 사람의 의지가 약하기 때문이고, 도박이나 마약을 하는 건 그 사람에게 도덕적인 결함이 있어서라고 생각했어요. 하지만 현대 과학이 밝혀낸 중독의 원인은 그렇지 않았어요. 중독은 뇌의 구조에 어떤 변화가 생긴 질병이었어요.

1950년대 초, 미국 과학자들이 쥐들을 대상으로 실험을 했어요. 쥐가 버튼을 누를 때마다 쥐의 머리에 전기가 흐르도록 했어요. 대부분 쥐는 전기 자극에 깜짝 놀라며 싫은 반응을 보였어요. 그런데 한 녀석만은 뭣에 홀린 듯 천 번 넘게 스위치를 눌러 댔어요. 깜짝 놀란 과학자들이 조사했더니 전기 자극을 받은 뇌 부위에서 도파민이라는 화학 물질을 분비한다는 사실을 알아냈어요.

맛있는 음식을 먹을 때, 좋아하는 사람과 시간을 보낼 때, 시험에 합격했을 때, 우리가 즐겁고 짜릿한 이유는 도파민이 분비되기 때문이에요. 뇌는 이 즐거운 느낌을 기억했다가 다음번에도 우리가 같은 행동을 하도록 우리를 떠밀어요. 도파민이 우리가 어떤 행동을 하도록 동기를 부여하는 구조, 이것을 보상 회로라고 불러요.

중독은 도파민이 과하게 분비될 때 나타나는 증상이에요. 예를 들어, 마약은 뇌를 자극해 평소의 10배가 넘는 도파민을 분비하게 만들어요. 한 번도 체험하지 못한 쾌락을 맛본 뇌는 보상 회로에 따라 계속 마약을 복용할 것을 요구해요. 이게 중독의 실체예요. 도박 중독, 알코올 중독, 인터넷 중독도 마찬가지예요.

중독은 뇌의 질병이기 때문에 혼자의 의지만으로는 극복하기가 쉽지 않아요. 힘들어요. 전문적인 치료 프로그램을 받아야 해요. 중독이 무서운 점은 '완치'라는 개념이 없다는 점이에요. 언제든지 재발할 수 있는 것이 중독이어서 평생을 노력해야 해요.

끝으로 이 책이 나올 수 있도록 도움을 주신 도서출판 미래아이 관계자분들에게 감사의 말씀을 드립니다.

－김성호

차례

머리말 … 4

Chapter 1 왜 중독에 빠지는 걸까?

그 중독이 아니라 이 중독 … 11
신경 전달 물질이란? … 14
도파민은 어디서 만들어질까? … 17
보상이 없으면 안 해! … 19
항상성의 법칙 … 22
생각발전소 황홀한 달리기, 러너스 하이 … 27

Chapter 2 마약 중독

인류 최초의 진통제 아편 … 33
아편의 업그레이드 버전, 모르핀 … 36
아편 전쟁 … 39
아스피린과 헤로인 … 44
마약 세계의 명문가, 아편 가문 … 47
좀비 마약 … 49
이걸 씹으면 힘이 솟는다고! … 54
코카콜라와 프로이트 … 58
자살 특공대와 초콜릿 … 62
감기약만 있으면 돼! … 65
마의태자와 안동포 … 68
대마초 논란 … 71
생각발전소 마약의 경제학 … 74

Chapter 3 도박 중독

도박의 역사 … 79
도박 중독으로 가는 첫걸음 … 82
불확실하니까 더욱 끌린다 … 84
도박 중독자는 물귀신이다 … 87
백해무익한 도박 … 91
생각발전소 로또 복권과 이탈리아 … 94

Chapter 4 알코올 중독

술 취한 원숭이 … 99
술을 마시면 왜 취할까? … 103
알코올 중독이 되는 이유 … 107
생각발전소 없으면 만들어서 마신다! … 110

Chapter 5 인터넷 중독

인터넷은 어떻게 만들어졌을까? … 115
더 많은 사람을 중독시켜라 … 119
존스 가족 따라잡기 … 122
게임 중독은 질병일까? … 124
생각발전소 공포의 인터넷 중독 치료 캠프 … 128

Chapter 6 중독 치유

중독에는 완치가 없다 … 133
최고의 치료는 예방 … 136
도파민도 단식이 필요해 … 139

Chapter 1
왜 중독에 빠지는 걸까?

무함마드 알리는 20세기 최고의 복서라 불리는 미국의 권투 선수였다. '나비처럼 날아 벌처럼 쏜다.'라는 멋진 말도 남겼다.

1996년, 애틀랜타 올림픽 개막식에 15년 전 은퇴한 알리가 최종 성화 주자로 등장했다.

텔레비전으로 그 모습을 지켜보던 사람들은 놀랐다.

알리의 두 손이 부들부들 떨리고 있었다.

당시 알리는 파킨슨병을 앓고 있었다. 말이 어눌해지고, 근육이 굳고, 몸이 느려지는 것이 주요 증상인데, 지금도 치료법이 없다.

원인은 뇌에서 어떤 화학 물질이 잘 분비되지 않는 것이다.

그 화학 물질의 이름은 도파민(Dopamine)이다.

그 중독이 아니라 이 중독

중독에는 두 종류가 있어요. 독사에 물리거나 독버섯을 모르고 먹으면 인체에 독성 물질이 들어와요. 이것을 '중독되었다'라고 하고, 영어로 포이즈닝(Poisoning)이라고 해요. 그런데 어떤 물질이나 어떤 행위에 습관적으로 의존하는 증상도 중독이라고 표현해요. 이건 영어로 어딕션(Addiction)이라고 해요. 우리가 지금부터 살펴볼 중독은 어딕션, 즉 의존성이에요.

1970년대까지만 하더라도 중독이라고 하면 마약 중독만을 의미했어요. 그러던 것이 도박, 알코올, 니코틴(담배), 인터넷까지 중독의 대상은 차츰 확장되어 갔어요. 오늘날 우리는 중독의 홍수 시대에 살고 있어요. 일에 너무 몰입하는 일중독, 조금 전 밥을 배불리 먹었는데도 라면을 끓이거나 떡볶이 가게에 전화를 거는 탄수화물 중독, 하루에 커피 석 잔 이상을 마시지 않으면 손이 떨리고 두통이 생기는 카페인 중독, 책이나 잡지처럼 활자로 인쇄된 것을 닥치는 대로 읽어야 하는 활자 중독 등등.

"너의 그 멋진 말투에 중독될 거 같아!"

뭐, 이런 귀여운 중독도 있어요. 이런 중독 중에서 사회적으로 심각한

문제가 되는 마약, 알코올(술), 도박, 인터넷, 이렇게 네 가지를 묶어 4대 중독이라고 해요. 우리나라 국민 8명 중 1명꼴인 600만 명이 4대 중독 중 최소 하나 이상에 해당한다고 해요.

인터넷을 제외한 술, 마약, 도박은 수천 년 전부터 인류 사회에 존재했어요. 당연히 중독자들도 있었을 거예요. 그런데 옛날에는 중독자들에 대한 시선이 곱지 않았어요. 중독자들이 중독에서 벗어나지 못하는 원인은 그 사람에게 있다고 생각했어요. 의지력이 약하고 도덕적으로 결함이 있으니까 중독에 빠지는 거라고 인식했어요. 하지만 현대 과학은 중독의 원인을 다르게 해석하고 있어요.

"중독은 당신 의지의 잘못이 아니다. 당신이 바뀌었기 때문에 멈추기가 매우 어렵다."

영국의 신경정신 약리학자 데이비드 너트가 한 말이에요.

여기서 바뀌었다는 건, 뇌가 바뀌었다는 뜻이에요. 대체 뇌가 어떻게 변했다는 것일까요?

신경 전달 물질이란?

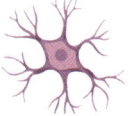 인간의 뇌 속에는 신경세포라는 게 있어요. 신경세포는 촉수가 달린 징그러운 외계 생명체처럼 생겼어요.

신경세포를 영어로 뉴런(Neuron)이라고 불러요. 뉴런은 그리스어로 '밧줄'이에요. 신경세포 중간에 밧줄처럼 생긴 부분이 있어서 그런 이름이 붙여졌답니다. 인간의 뇌 속에는 이와 같은 뉴런이 무려 1천억 개 정도 있어요.

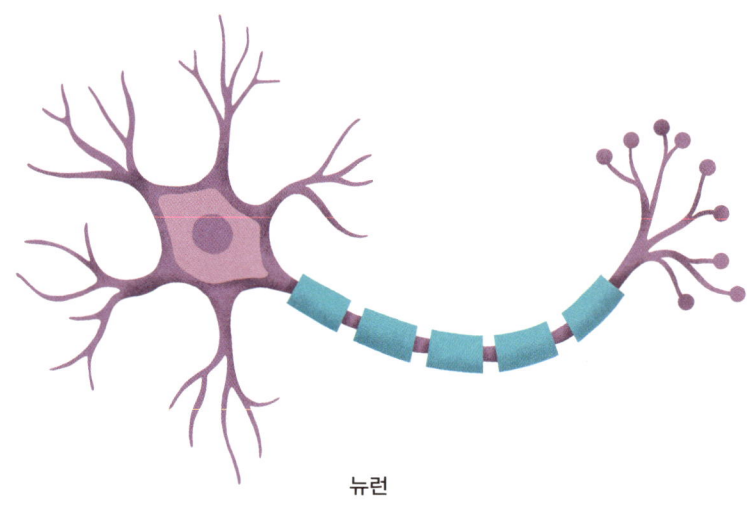

뉴런

갓 구운 따끈따끈한 빵이 눈앞에 있을 때, 지하철에서 누군가 내 발을 밟을 때, 호감을 느끼는 상대와 데이트를 할 때를 생각해 보세요.

'저 빵, 먹고 싶어!'

'아야! 누가 내 발을 밟은 거야?'

'미래야, 나… 나랑 사귀자!'

이런 우리의 느낌, 감각, 행동은 뇌가 메시지를 전달하듯 신경세포를 통해서 신호를 보내기 때문에 나타나는 현상이에요. 바꿔 말하면, 신경세포가 없으면 우리는 볼 수 없고, 냄새를 맡을 수 없으며, 꼬집혀도 통증을 느끼지 못하고, 심지어 움직이지도 못해요. 신경세포는 신경세포끼리 그물처럼 긴밀하고 촘촘하게 얽혀 있어요. 그래서 뇌가 어떤 정보를 보내면 신경세포는 배턴을 넘겨주는 계주 시합처럼, 다음 신경세포에 받은 정보를 전달해요.

이런 전달은 "빠지직!" 하고 번개가 치듯 전기적 신호를 통해서 이뤄져요. 그런데 문제가 있어요. 신경세포들은 직접 연결되어 있지 않아요. 자세히 들여다보면 틈새가 있어요.

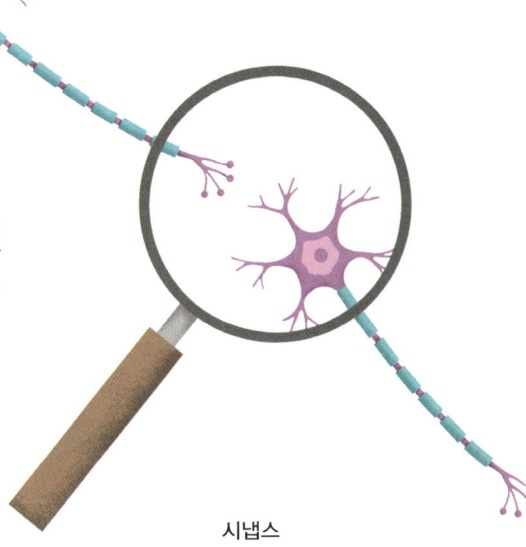

시냅스

이 틈새를 시냅스(Synapse)라고 불러요. 이 틈새 때문에 전기적 신호는 더 나아가지 못해요. 선로가 끊긴 전철처럼 말이에요. 비유하자면 시냅스는, 전철에서 내려 버스로 갈아타야 하는 환승 시스템이에요. 어떻게? 전기적 신호를 화학 물질로 바꿔서 이웃 신경세포를 향해 흘려보내요. 샤워기에서 물방울이 후드득 떨어지듯 말이에요. 이 화학 물질을 신경 전달 물질이라고 불러요. 화학 물질을 넘겨받은 이웃 신경세포는 다시 "빠지직!" 하는 전기적 신호로 바꿔 꼬리까지 전달해요. 그리고 또 다른 신경세포와 만나는 시냅스에 이르면 다시 화학 물질로 바꿔 인접한 신경세포로 전달하고요. 이런 방식을 무한 반복하는 거예요.

우리 몸에는 이런 신경 전달 물질이 약 100여 개가 있어요. 그중 하나가 도파민이에요. 지금부터 우리는 도파민의 정체를 낱낱이 밝혀 볼 거예요. 거의 모든 중독 현상의 배후에 바로 이 도파민이라는 녀석이 버티고 있기 때문이에요.

신경 전달 물질

도파민은 어디서 만들어질까?

진화론에 따르면 인류는 어류 → 양서류 → 파충류 → 포유류를 거쳐 지금의 영장류로 진화했어요. 1970년대 신경과학자 폴 매클린은 인간의 뇌에도 이런 진화의 흔적이 고스란히 남아 있다고 말했어요. 가장 밑에 파충류의 뇌가 먼저 만들어지고 그 위로 포유류의 뇌와 영장류의 뇌가 순서대로 만들어졌어요. 그 모습이 마치 오랜 세월에 걸쳐 형성된 지층처럼 생겼어요.

1층의 파충류의 뇌를 뇌간이라고 불러요. 이곳에서는 숨쉬기, 하품, 기침, 재채기, 딸꾹질, 구토, 여기에 식사, 잠자기, 똥과 오줌 누기, 성행위까지, 가장 원초적인 생명 활동을 관장해요. 파충류의 뇌라는 이름처럼

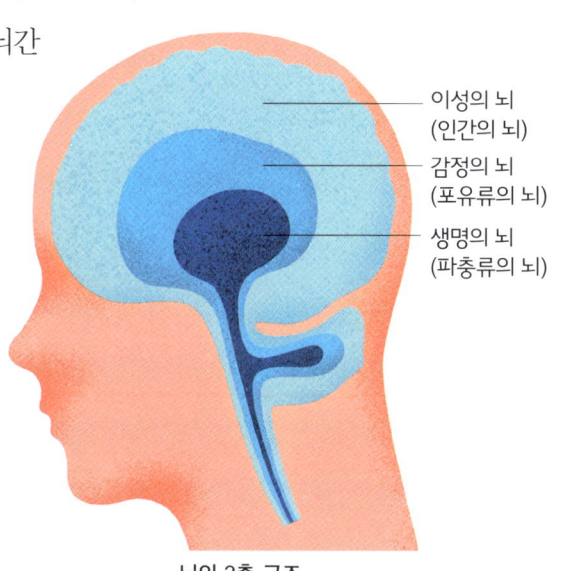

뇌의 3층 구조

도마뱀이나 악어의 본능적인 움직임을 떠올리게 해요.

2층의 포유류의 뇌를 변연계라고 불러요. 변연계는 기쁨, 슬픔, 분노, 즐거움, 걱정과 같은 다양한 감정과 기억, 행동을 담당해요. 주인에게 꼬리를 흔들고, 낯선 사람이 오면 컹컹 짖고, 주인이 우울하면 같이 슬퍼해 주는 귀엽고 감정 표현이 풍부한 개를 떠올리게 해요.

3층의 뇌는 대뇌피질이라고 불러요. 대뇌피질은 뇌 진화의 끝판왕답게 이성적 사고, 고도의 인식 능력, 지능, 사고력, 언어 등 고차원적 업무를 수행해요. 최근 언론에 자주 이름이 언급되는 전두엽이 바로 대뇌피질에 속해요.

이 중에서 1층과 2층의 뇌를 원시 뇌라고도 불러요. 도파민이 분비되는 장소가 바로 원시 뇌예요. 정확하게는 네 곳에서 분비되는데, 그중에서 이 책의 주제인 중독과 관련이 있는 부위는 '복측피개영역'이에요. 와! 이름이 정말 어렵죠? 그래서 영어식 표기인 VTA를 더 많이 사용해요.

전전두엽
측좌핵
복측피개영역
(VTA)

도파민 분비 경로

이 그림을 해석하면 이래요. 우리 인간은 본능이 충족되면 원시 뇌에서 도파민이 나오고 그것이 측좌핵을 거쳐 이성의 영역인 전전두엽에 공급되면 우리는 행복하다는 이성적 판단을 내려요.

보상이 없으면 안 해!

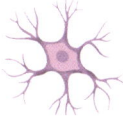 엄마 : 미래야, 마트 가서 두부 한 모 좀 사 올래?

미래 : 싫어, 나 지금 카톡 중이란 말이야!

엄마 : 잔돈 너 다 가져.

미래 : 얼른 다녀올게.

부모님이 아이에게 심부름이나 집안일을 부탁할 때 종종 '돈'을 미끼로 사용해요. 맨입으로 부탁하면 매몰차게 거절당할 수 있거든요. 이때, 돈의 액수가 클수록 아이들의 참여도는 높아지고 다음번에도 기꺼이 부탁을 들어줄 거예요.

물론 꼭 돈일 필요는 없어요. "참 잘했어요, 우쭈쭈!" 하는 칭찬만으로도 기분이 좋아져서 다음번에도 부탁을 잘 들어주는 아이도 있어요. 돈과 칭찬처럼 어떤 행동에 주어지는 대가를 '보상'이라고 해요.

남이 아닌 나 자신으로부터 보상을 받을 때도 있어요. 열심히 공부했더니 성적이 올랐을 때, 목표한 체중 감량에 성공했을 때, 호감을 가진 대상에게 고백했는데 "좋아!"라는 긍정적인 대답을 들을 때, 그리고 월급날에. 이럴 때 사람들은 뭔가를 해냈다는 성취감과 뿌듯함, 짜릿함을 보상처럼 지급받지요. 이 즐거운 감정의 실체는 사실 도파민이 준 것이에요. 뇌에서 도파민을 분비할 때 우리는 쾌락을 느끼기 때문이에요.

뇌는 이 기분 좋은 기억을 저장했다가 다음번에도 우리가 그 행동을 하도록 유도해요. 당연히 도파민 분비 수치가 높은 행동일수록 미래에 같은 행동을 반복할 가능성이 커요. 예를 들어, 민트 초콜릿보다 아몬드 봉봉을 먹을 때 훨씬 즐거웠다면, 다음번에 그 사람은 아이스크림 메뉴를 고를 때 아몬드 봉봉을 선택할 거예요. 아몬드 봉봉 쪽이 도파민 분비가 더 많았으니까요. 요약하면, 도파민은 인간이 어떤 행동을 하도록 동기 부여를 해요.

뭔가를 한다 → 도파민이 분비된다 → 짜릿하다! → 그 느낌을 다시 맛보고 싶다 → 그 뭔가를 다시 한다.

이것을 보상 회로라고 불러요. 이 보상 회로가 작동하는 덕분에, 사람들은 매일 아침 포근한 잠자리의 유혹을 뿌리치고 일어나고, 학교나 직장에서 열심히 공부와 일을 하고, 휴일에는 시간을 쪼개서 좋아하는 사람과 데이트를 해요. 도파민이 인간의 등을 떠밀며 이렇게 재촉하기 때문이에요.

'야, 일어나! 씻어! 일하러 가란 말이야!'

바꿔 말하면, 어려운 시험에 합격하고, 취업에 성공하고, 불가능해 보였던 수영 자유형 25미터를 처음 완주해도, 뇌에서 도파민이 분비되지 않으면 우리는 무감각해요. 전혀 즐겁지 않으니까 다음번에 그 행동을 되풀이하지 않아요. 동기 부여가 없으니까요. 중독은 이 보상 회로에 급격한 변화가 발생하면서 나타나는 증상이에요.

항상성의 법칙

특별히 좋은 일은 없지만, 그렇다고 나쁜 일도 없는 날들이 있어요. 사실, 우리 일상의 대부분을 차지하는 시간이죠. 이런 무난한 날에 우리의 뇌는 데시리터당 50나노그램 정도의 도파민을 분비해요. 1데시리터는 1리터의 10분의 1이고, 1나노그램은 10억분의 1그램이에요. 이렇게 말해도 선뜻 감이 안 올 텐데요, 가루 수준의 설탕 한 알이 625,000나노그램이에요. 그러니 50나노그램은 극도로 미세한 양이라는 걸 짐작할 수 있어요.

하지만 우리 인간은 그 정도의 도파민으로도 잠에서 깨어나고, 커피를 마시고, 밥을 먹고, 일하고, 사람들을 만나는 평범한 하루를 보낼 수 있어요.

최악의 날은 어떨까요? 이상하게 몸이 무겁고, 그래서 컨디션도 나쁘고, 우울하고 의기소침하고, 하는 일마다 꼬이는 날이 있어요. 이런 날에도 뇌에서는 데시리터당 40나노그램의 도파민이 분비되어요.

흐린 날이 있으면 맑은 날도 있어요. 복권에 당첨된 날, 사랑스러운 아기가 태어난 날, 두근거리는 해외여행 첫날 공항으로 가는 아침 버스 안

에서…. 이런 인생 최고의 날에 뇌는 데시리터당 100나노그램의 도파민을 분비해요. 요약하면, 우리는 대략 40~100나노그램 사이의 도파민 속에서 살아가고 있는 거예요.

그런데 이 범위를 초과하는 도파민이 분비될 때가 있어요. 대표적인 예가 마약 복용이에요. 마약은 뇌를 자극해 도파민을 대량으로 분비하게 만들어요.

마약의 하나인 메스암페타민을 복용할 때, 뇌는 1000나노그램 이상의 도파민을 분비해요. 가장 최고의 날에 분비되는 도파민 양의 10배가 넘는 수치예요. 마약 복용자는 한 번도 경험하지 못한 쾌락의 극한을 경험하는 거예요.

이런 신세계(?)를 한번 체험한 사람은 그 전의 시간으로 돌아가는 게 쉽지 않아요. 응원하던 팀이 20년 만에 한국 시리즈 우승을 해도, 수학 시험에서 만점을 받아도, 천사 같은 내 아이가 생글생글 웃어도, 예전만큼 즐겁지 않아요. 시시하고 지루할 뿐이에요. 이제 그 정도 즐거움은 성에 차지 않아요. 뇌가 원하는 건 오직 그 믿을 수 없을 만큼 강렬했던 쾌감뿐이에요. 앉으나 서나, 일할 때나 쉴 때나, 온종일 그 생각만 떠올라요.

그래서 다시 마약에 손을 대요. 그런데 뭔가 이상해요. 쾌감은 느껴지는데, 처음만큼은 아니에요. 저번의 쾌감 수치가 10이라면 이번에는 9 아니, 8.5 정도? 아무튼, 줄어든 것만은 확실해요. 이제 시작이에요. 9 → 8 → 7 → 6…. 마약 복용 횟수가 늘어날수록 쾌감 수치는 계속 감소해요. 왜일까요?

우리 몸은 급격한 변화를 싫어해요. 항상 일정한 상태를 유지하려는 성질을 갖고 있어요. 이것을 항상성이라고 해요. 예를 들어, 추울 때 우리 몸은 혈관을 수축시켜 열의 손실을 막고, 더울 때는 혈관을 확장해 열을 방출해서 항상 일정한 체온을 유지해요. 도파민도 마찬가지예요. 맛있는 음식을 먹고, 사랑하는 사람과 시간을 보낼 때 뇌에서는 도파민이 분비되지만, 이 정도는 허용 범위라서 괜찮아요. 하지만 마약 복용처럼 허용 범위를 훌쩍 넘기는 도파민이 분비될 때, 우리 몸에서는 경계 경보가 울려요.

"돌발 상황 발생! 도파민 분비 과다, 도파민 분비 과다!"

한쪽으로 기울어진 시소의 균형을 맞추려면 반대쪽에 무게를 실어야 해요. 항상성도 시소처럼 작동해요. 쾌락 쪽으로 기울어진 시소 균형을 맞추려면 고통에 무게를 실어야 해요. 그래서 뇌는 우리가 고통을 느끼는 물질을 생성해요.

그래서 마약을 복용해도 예전 같지가 않아요. 하지만 그 사실을 모르는 마약 복용자는 '왜 예전만큼 강렬하지 않지?' 하며 초조함을 느껴요. 다급해진 그는 마약 투여량을 늘려요. 그것도 잠시뿐이에요. 뇌는 균형을

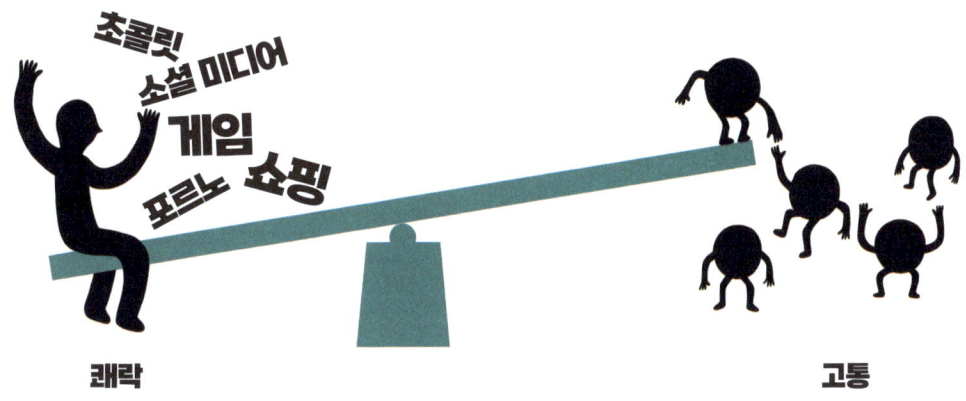

맞추려고 더 많은 고통 물질을 만들거든요. 게다가 복용 횟수와 복용량이 늘어날수록 내성이 생겨 쾌락 수치는 더욱 감소해요. 하지만 고통 수치는 줄어들지 않고 오히려 증가해요. 이것을 신경 적응이라고 불러요. 그 결과 시소는 고통 쪽으로 완전히 기울어요.

쾌락 　　　　　　　　　　　　　고통

이제 마약 중독자는 짜릿함이 아닌 고통을 회피하기 위해서라도 마약 복용을 멈출 수 없어요. 마약을 중단하는 순간 지독한 통증이 엄습할 테니까요.

공부와 운동, 인간관계. 우리가 긴 시간을 참아 내면서 노력해야 주어지는 보상은 그 쾌감이 마약처럼 강렬하지 않아요. 대신 이런 부작용도 없지요. 하지만 마약처럼 짧은 시간에 손쉽게 얻는 강렬한 쾌감에는 필연적으로 무서운 대가가 뒤따라요.

황홀한 달리기, 러너스 하이

　푹신한 트랙이 깔린 근린공원에 가면 달리는 사람들이 있어요. 맑은 날에도 달리고, 흐린 날에도 달리고, 비가 내리고 눈보라가 휘날려도 달려요. 30분이 지나고 1시간이 넘어도 멈추지 않아요.

　보통 사람은 100미터만 뛰어도 헉헉거려요. 그런데 수십 바퀴를 달리는 사람들의 표정은 편안해 보이기까지 해요. 사실 그분들에게도 첫 몇 바퀴는 힘들어요. 다리는 점점 무거워지고, 숨은 가빠 오고, 몸에서는 열이 나기 시작해요. 그런데 그 힘든 고비를 넘기면 마법의 문이 열려요. 거짓말처럼 고통이 줄어들면서 몸이 가벼워져요. 너무도 편안하고 행복해서 이대로 영원히 달릴 수 있을 것 같은 기분마저 들어요.

　이게 바로 '러너스 하이(Runner's High)'예요. 풀이하면 달리는 사람(Runner)이 느끼는 하늘을 높이(High) 날 것 같은 기분이에요. 러너스 하이의 원인은 아직 명확하게 밝혀지지 않았어요. 다만, 과학자들은 우리가 달리기나 수영, 축구 등의 운동을 일정 시간 이상 지속하면 신체에서 고통을 감소시키고 즐거움을 가져다주는 화학 물질을 분비한다고 추측하고 있어요. 대표적인 물질이 엔도르핀이에요. 엔도르핀은 우리 몸에서 분비되는 천연 진통제예요. 칸나비노이드라는 물질도 있어요. 칸나비노이드는 마약의 하나인 대마초의 주성분으로 역시 고통을 덜어 주는 역할을 해요. 도파민 때문이라는 주장도 있어요. 몬트리올 대학 병원 연구센터는 "러너스 하이 현상은 신경 전달 물질인 도파민에 의해 발생한다."라고 발표하기도 했어요.

인간은 두 발로 직립 보행을 하는 유일한 포유류예요. 그래서 네발로 달리는 다른 포유류에 비해 매우 느린 편이에요. 육상 100미터 세계 신기록 보유자의 달리기 속도는 시속 약 37킬로미터이고, 평균적인 남성의 달리기 속도는 시속 약 20킬로미터예요. 살쪄서 둔해 보이는 하마나 코끼리도 그보다는 빨라요. 지구상에서 인간이 달리기로 이길 수 있는 포유류는 한 시간에 270미터를 이동하는 나무늘보를 제외하고는 사실상 없어요.

그래도 괜찮아요. 신은 인간에게 이토록 느린 발을 주셨지만 대신 최강의 지구력을 선사했으니까요. 바로 오래달리기 능력이에요.

대부분의 포유류 동물은 달릴수록 체온이 상승해 15분 이상 뛰지 못해요. 예를 들어, 치타는 최대 시속 120킬로미터로 달릴 수 있지만, 그 속도를 유지할 수 있는 거리는 1킬로미터 정도예요.

인간은 달라요. 우리 인간의 피부에는 땀구멍이 많아서 체온이 상승하면 땀으로 열을 배출해 아주 오랫동안 달릴 수 있어요. 아프리카 부시먼족은 얼룩 영양을 8시간 추격해 사냥에 성공했고, 멕시코의 타라우마라족은 사슴을 잡기 위해 48시간 동안 쉬지 않고 달릴 수 있어요.

과학자들은 인간의 이런 오래달리기 능력은 진화의 결과라고 보고 있어요. 아주 오래전, 인류가 거칠고 위험한 야생에서 생존하려면 오래 달리는 능력이 필요했어요. 때로는 사나운 맹수를 피해, 때로는 사냥감을 추적하기 위해서 말이에요. 인간을 오래 달릴 수 있게 하는 원동력인 러너스 하이도 진화의 산물일 거라고 과학자들은 추측하고 있어요. 러너스 하이를 경험한 사람들의 반응은 비슷해요.

"기분 좋은 두피 마사지를 받는 기분이었다."

"유체이탈이란 게 이런 게 아닐까?"

"코카인을 한 느낌이었다."

실제로 러너스 하이는 마약인 코카인과 비슷한 중독 효과가 있으며 효과가 지속되는 시간은 코카인보다 길다고 해요. 달리는 사람 모두가 러너스 하이를 느끼는 건 아니에요. 또 러너스 하이를 경험한 사람 모두가 중독에 빠지는 것도 아니고요. 하지만 그 황홀한 기억을 잊지 못해 달리는 사람도 분명 있어요. 그런 사람들을 우리는 달리기 중독자라고 불러요.

Chapter 2
마약 중독

"아이고, 머리야!"

조조는 만성 두통에 시달렸다. 여러 의원이 다녀갔지만, 누구도 병의 원인을 밝히지 못했다. 어느 날, 명의로 소문난 화타가 조조를 진찰했다.

"대왕의 병은 풍(風), 그러니까 머릿속에 든 바람 때문입니다."

"치료를 할 수 있겠느냐?"

조조가 물었다.

"네. 도끼로 머리를 쪼갠 다음 바람을 제거하면 됩니다."

"잠시만, 도끼로 뭘 어떻게 한다고?"

조조가 펄쩍 뛰었다. 화타는 껄껄 웃었다.

"걱정하지 마십시오. 제가 만든 마비산을 드시면 고통 없이 잠드실 겁니다. 그동안 제가 대왕의 머리를 열어 바람을 제거하겠습니다."

의심 많은 조조는 화타가 자신을 죽이려 한다고 생각했고, 부하를 시켜 화타를 죽였다. 얼마 후, 조조 자신도 병이 깊어져 사망했다. -『삼국지』중에서

화타가 사용했다는 '마비산'은 수술용 마취제이다. 마비산의 내용물은 정확하게 알려져 있지 않지만, 한의사들은 마비산(麻沸散)라는 이름에서 대마(大麻)라는 식물이 들어 있을 거라 추측하고 있다. 대마에는 마취와 환각 작용이 있는 마약 성분이 들어 있다. 오랜 옛날에는 마약을 마취제나 진통제로 많이 사용했다.

인류 최초의 진통제 아편

'마약'이란 이름에서 짐작할 수 있듯이, 원래 마약은 환자에게 처방하던 '약'이었어요. 영어로 마약을 드러그(Drug)라고 하는데, 드러그의 어원은 마른 약초를 뜻하는 프랑스어 '드로그(Drogue)'예요.

그럼 '마'는 뭘까요? 마약이 주는 음습하고 부정적인 이미지 때문에 '마귀', '악마'의 그 '마(魔)'가 아닐까 싶지만, '마취', '마비'의 '마(痲)'예요. 풀이하면, 마약은 고통을 줄여 주는 약, 즉 마취제 혹은 진통제예요.

인류가 처음으로 사용한 진통제는 아편이에요. 아편은 양귀비라는 꽃에서 만들어요. 양귀비는 당나라 황제 현종의 후궁 양옥환을 가리켜요. 그녀는 중국 4대 미녀 중 한 명으로 꼽히는 절세 미녀였어요. 8세기, 당나라 황제 현종은 양옥환의 아름다움에 홀딱 반해 후궁으로 삼고 '귀비'라는 직책을 하사했어요. 양귀비는 양씨 성을 가진 후궁이라는 뜻이에요. 세월이 흐르고 중국인은 그녀처럼 예쁜 꽃에 같은 이름을 붙여 줬는데 그것이 양귀비예요.

이렇게만 보면, 양귀비는 당나라 때 중국인이 최초로 재배한 것처럼 보여요. 하지만 양귀비 재배 역사는 이보다 훨씬 오래되었으며 원산지도 중국이 아닌 서양이에요.

8천 년 전 메소포타미아(지금의 이라크) 혹은 아나톨리아(튀르키예) 지방에서 인류 최초로 양귀비가 재배되었어요. 그때는 마약이 목적이 아닌 식량 작물로 키웠어요. 다 자란 양귀비 씨앗을 먹었거든요. 사실, 양귀비는 단일 품종이 아니에요. 250여 종이 넘는데, 마약 성분을 함유한 품종은 단 2종이에요. 기원전 1500년, 고대 그리스인들은 특정 양귀비 품종에 수면제처럼 먹으면 졸리는 성분이 들어 있다는 사실을 알아냈어요.

양귀비는 꽃이 지면 그 자리에 공 모양의 씨앗 주머니가 생겨나요. 그 표면을 그으면 우윳빛 진액이 흘러나와요. 마치 고무나무에서 고무 수액을 채취하듯 말이에요. 이 진액을 굳히면 초콜릿처럼 거무튀튀한 덩어리로 변하는데 이것을 영어로 오피움(Opium)이라고 해요. 아편은 오피움의 한자식 표기예요.

아편은 통증을 완화하는 진통제 기능과 졸음이 오게 하는 수면제 기능이 있어요. 특히 술에 섞어 마시면 해롱해롱 기분이 좋아져서 고대 그리스의 의사들은 부상병에게 아편을 진통제로 처방했어요. 고대 그리스의 의사 히포크라테스는 이 아편을 '고통의 구원자'라고 불렀어요.

아편의 업그레이드 버전, 모르핀

아편에 진통제와 수면제 효과가 있는 이유는 '알칼로이드'라는 성분 때문이에요. 알칼로이드는 질소 원자를 하나 이상 가지고 있는 화합물을 말해요.

1805년, 독일 약세사 프리드리히 제르튀르너는 아편에서 알칼로이드만 쏙 분리하는 데 성공했어요. 말하자면, 아편보다 순도 높은 물질을 추출한 거예요. 제르튀르너는 이 물질에 그리스 신화의 꿈의 신, 모르페우스(Morpheus)의 이름을 따 모르핀(Morphine)이라는 이름을 붙였어요. 모르핀을 복용하면 고통이 사라지고 꿈을 꾸는 듯하다 하여 붙여진 이름이에요. 이름은 근사했지만, 제르튀르너가 모르핀을 실험하는 과정에서 자신과 친구, 심지어 기르던 개까지 모르핀에 중독되고 말았어요. 개는 죽었고 제르튀르너도 모르핀 중독으로 고통 받다 사망했어요.

한편, 독일 시골에서 약국을 운영하던 에마뉴엘 머크란 남자가 모르핀에 관심을 보였어요. 1827년, 머크는 자신이 운영하던 '천사 약국'에서 직접 모르핀을 생산하고 판매까지 했어요. 모르핀은 아편에서 추출한 알짜배기 물질이어서 효과가 아편의 10배 이상이었어요.

엔도르핀, 우리 몸에 있는 모르핀

6.25 전쟁 기록 중에 귀가 떨어진 줄도 모르고 계속 총을 쏜 병사 이야기가 나온다. 이를 발견한 상관이 말하자, 병사는 그제야 깜짝 놀랐다고 한다. 또 권투나 이종격투기 시합 중에 얼굴이 퉁퉁 붓고 뼈가 부러진 상태에서도 계속 싸우는 선수들이 종종 있다. 다른 사람이 보기에는 엄청 아플 것 같은데, 정작 당사자는 그 고통을 못 느끼는 경우가 있다. 어떤 극한 상황에 도달하면 우리 몸은 고통을 줄이는 호르몬인 엔도르핀을 분비한다. 엔도르핀은 마약성 진통제인 모르핀의 200배에 달하는 효과가 있다. 그 때문에 환자 본인은 통증을 별로 느끼지 못한다고 한다. 엔도르핀(Endorphin)이라는 단어도 Endogenous(몸에서 분비되는)과 Morphine(모르핀)의 합성어이다.

진통제 모르핀은 날개 돋친 듯 팔렸고 천사 약국은 돈방석에 앉았어요. 이를 발판으로 이름 없던 천사 약국은 훗날 제약회사로 탈바꿈을 해요. 이 회사가 글로벌 제약회사인 머크(Merck)예요.

모르핀이 세계적으로 명성을 떨치게 된 계기는 전쟁이었어요. 19세기, 미국에서 남북전쟁이 일어났어요. 전선에는 총상을 입고 포탄 파편에 맞은 군인들이 넘쳐났어요. 의무병들은 고통을 호소하는 부상병들에게 모르핀 주사를 놨어요. 통증은 거짓말처럼 사라졌어요. 고통이 차단된 상태에서 수술과 치료가 이뤄졌고, 많은 군인이 목숨을 건졌어요. 군인들은 모르핀을 '신이 주신 선물'이라고까지 말했어요.

이때만 하더라도 모르핀은 부작용 없는 완벽한 진통제로 알려졌어요. 하지만, 진통 효과가 클수록 중독성도 크다는 사실을 그들은 알지 못했어요. 남북전쟁이 끝났을 무렵에는 6만 명의 병사들이 모르핀에 중독되어 있었어요. 사람들은 모르핀 중독을 '군인 병'이라 불렀어요.

아편 전쟁

 18세기, 영국은 중국 청나라와 무역을 하고 있었어요. 영국은 모직물, 면직물 같은 옷감과 시계 등의 공산품을 수출했고, 청은 비단과 도자기와 차를 영국에 팔았어요. 이 거래에서 영국은 큰 손해를 입었어요. 영국에서 중국산 비단과 도자기와 차는 인기가 많았지만, 중국으로 간 영국산 물건은 파리만 날렸어요. 왜 그랬을까요?

당시 청 조정은 영국과 같은 서양에게 광둥성만 개방했어요. 중국 남부에 있는 광둥성은 겨울에도 섭씨 20도에 육박하는 더운 지방이에요. 이런 곳에서 양털로 짠 모직물이 인기가 있을 리 없어요. 또 구매력이 낮은 청나라 서민에게 비싼 영국산 시계는 그림의 떡이었어요.

영국은 언짢았어요. 어떻게든 무역 적자를 만회하고 싶은데, 영국에는 중국인을 매혹시킬 만한 물건이 없었어요. 하지만 영국 바깥이라면 이야기가 달라져요.

"그래! 우리에게는 인도가 있지!"

당시 인도는 영국의 식민지였어요. 영국은 인도 동북부 벵골 지역에 대규모의 양귀비 밭을 조성하고 있었어요. 영국은 거기서 생산한 양귀비로부터 아편을 제조해 만들어 중국으로 가져가 팔았어요.

　당시 중국인에게도 아편은 낯선 물건은 아니었지만, 워낙 고가여서 부자들만 이용하는 사치품이었어요. 이제 인도에서 대량 생산된 값싼 아편이 밀려 들어오자, 서민들도 하나둘 아편에 손을 대기 시작했어요.

　청은 난리가 났어요. 아편으로 막대한 돈이 빠져나가는 것도 걱정이었지만, 마약 중독자가 급증하는 게 훨씬 골칫거리였어요. 당시 중국인들은 어둡고 음침한 곳에 모여 곰방대처럼 긴 담뱃대에 담배와 허브, 아편을 섞어 피웠어요. 그 장소를 아편굴이라고 해요. 한창 일과 공부를 해야 할 사람들이 종일 아편굴에 폐인처럼 드러누워 뻐끔뻐끔 아편만 피워 댔어요. 백성도 뻐끔뻐끔, 관리도 뻐끔뻐끔, 심지어 청 황제도 아편을 피웠어요. 통계에 의하면 당시 청나라 남성의 27퍼센트가 아편 중독자였어요.

　청 조정은 칼을 빼 들었어요. 아편을 금지하고 아편 거래를 중단시켰어요. 하지만 한창 돈맛에 취해 있던 영국은 순순히 그 결정에 따를 생각이 없었어요. 영국의 아편 상인은 청 조정의 감시를 피해 아편을 몰래몰래 청나라로 반입시켰어요.

　1838년, 아편 밀수를 근절하라는 황제의 전권을 위임받은 흠차대신 임칙서가 광둥성의 항구 도시 광저우에 파견되었어요. 흠차대신은 중대한 사건이 발생할 때, 청나라 황제가 그 사건을 해결하기 위해 임명하는 임시 관직이었어요. 임칙서는 아편을 모두 몰수하고, 아편을 거래한 자들을 사형시켰어요. 아편을 뺏긴 영국은 보복 조치로 1840년 청나라에 함대를 파견했어요. 이것이 아편 전쟁이에요.

 **임칙서의 아편 폐기**

1838년 흠차대신 임칙서는 영국 마약상들이 숨긴 아편 2만여 상자를 찾아내 폐기하는데, 엄청난 양의 아편을 다시 쓰지 못하도록 하는 것은 무척 어려운 일이었다. 사전에 소량을 불태워 봤더니 4분의 1 정도는 불타지 않고 녹아서 회수할 수 있었다. 그 뒤 아편을 완전히 못쓰게 하기 위해 이것저것 섞어 보다가 열과 석회와 소금에 약하다는 사실을 알게 되었다. 임칙서는 해변에 임시 연못을 만들어 아편에 바닷물과 생석회를 넣어 녹인 다음 바다로 흘려보냈는데, 이것이 바다를 더럽히는 짓이라 생각해 해신에게 사죄하는 제사를 지냈다고 한다.

청의 군대는 최신식 무기로 무장한 영국군의 적수가 되지 못했어요. 영국군이 단숨에 광저우를 포위하자 겁을 먹은 청 조정은 1842년 영국과 난징 조약을 맺었어요. 그 결과 영국에 홍콩을 떼어 주고 5개의 항구를 추가로 개방하고, 2100만 달러의 전쟁 배상금을 지불해야 하는 등 청나라로서는 굴욕적인 조약이었지만 달리 방법이 없었어요.

영국도 영국대로 불만이었어요. 청을 굴복시켜 난징 조약을 맺을 때만 하더라도 영국은 대중국 무역량이 늘어나 큰 이익을 벌어들일 거라 기대했어요. 하지만 중국인은 여전히 영국 상품을 외면했고, 아편 무역마저 청에서 자체 생산을 시작하면서 이익 폭은 많이 감소했어요.

기회를 엿보던 영국에게 좋은 구실 거리가 생겼어요. 1856년, 광저우항에 정박 중이던 애로호라는 영국 국적 상선에 해적이 숨어 있다는 소문이 돌았어요. 청나라 관리가 이 배를 수색했더니 정말 해적이 있었어요. 관리들은 해적을 체포하고 배에 게양한 영국 국기를 끄집어 내렸어요. 해적선이니까요. 소식을 들은 영국은 이를 문제 삼았어요.

"어? 너희들 감히 대영제국 깃발을 훼손했겠다? 각오해!"

영국은 국기 모독을 핑계로 재차 전쟁을 일으켰어요. 그동안 호시탐탐 중국 진출을 노리던 프랑스도 가세했어요. 이것이 **2차 아편 전쟁**이에요. 1차 아편 전쟁에서 영국군도 막지 못했던 청나라 군대가 영국-프랑스 연합군을 당해 낼 수는 없었어요. 1858년 광둥을 점령한 연합군은 육로를 따라 파죽지세로 북쪽으로 진군해 청의 수도 북경의 관문인 톈진까지 이르렀어요. 1860년, 청 조정은 연합군과 톈진 조약을 체결했어요. 그 결과 청은 10개의 항구를 더 개방하고, 중국에서 기독교 선교를 허용하고, 아편 무역을 합법화해 줘야 했어요. 톈진 조약은 18년 전 체결한 난징 조약보다 훨씬 불평등하고 굴욕적인 조약이었어요.

두 차례의 아편 전쟁 패배로 아시아의 맹주를 자처했던 중국의 위신은 추락했어요. 중국의 허약함이 만천하에 드러나자 미국, 일본, 러시아, 네덜란드 등 강대국들은 상처 입은 물소에 달려드는 하이에나처럼 중국을 물고 뜯으며 앞다투어 이권을 챙기기 시작했어요.

아스피린과 헤로인

1897년, 고종이 대한제국을 선포했던 그해, 독일 제약회사 바이엘의 직원 펠릭스 호프만은 관절염으로 고생하던 아버지를 위해 흰색의 알약을 개발했어요. 오랫동안 해열 진통제의 대명사로 불렸으며 오늘날에도 매일 1억 정 이상, 매년 5만 톤이 팔리는 아스피린이에요. 같은 해, 호프만은 어린이 기침 억제제 겸 진통제도 개발했어요. 바이엘은 이 신약의 이름을 '약 중의 영웅'이라는 의미로 헤로인(Heroin)이라 지었어요. 바이엘사는 헤로인을 알록달록한 라벨이 붙은 호박색 유리에 넣어 팔면서, 이 약은 모르핀보다 10배 약효가 강하면서 중독성 같은 부작용은 전혀 없다고 광고했어요.

사람들은 "정말?" 하며 그 말을 믿고 헤로인을 구입했어요. 미국 의학협회도 헤로인을 일반 약품으로 승인하고, 모르핀 대신 사용할 것을 권장했어요. 신약 헤로인은 아스피린 못지않은 인기를 끌었어요. "쿨럭! 쿨럭! 쿨럭!" 지독한 기침으로 밤잠을 설치던 사람들도 이 약을 먹으면 달게 잘 수 있었어요.

20년이 지나서야 사람들은 뭔가 잘못되었다는 사실을 깨달았어요. 부

작용이 없다던 광고는 허위였어요. 하지만 그 사실을 깨달았을 때 뉴욕에는 이미 20만 명이 넘는 헤로인 중독자가 있었어요. 1924년, 뉴욕 경찰 부국장은 모든 범죄의 94퍼센트가 헤로인 중독자에 의해 저질러진다고 보고했어요. 화들짝 놀란 세계는 부랴부랴 의약품 목록에서 헤로인을 제외했고, 국제연맹은 헤로인의 제조와 판매를 금지했어요.

헤로인은 모르핀의 중독성이 문제가 되면서 대안으로 만들어진 진통제예요. 그런데 **원료가 모르핀**이에요. 요리에 사용하는 식초의 주성분을 아세트산, 혹은 초산이라고 하는데, 모르핀을 이 초산에 넣고 끓이면 모르핀보다 10배 강력한 헤로인이 만들어져요. **헤로인은 중독성이 너무 강해서 별명이 '마약의 끝판왕'**이에요.

"복용할 때는 어머니의 품처럼 따뜻하고, 끊을 때는 아버지의 주먹처럼 아프다."

어느 헤로인 중독자가 남긴 말이에요.

마약 세계의 명문가, 아편 가문

 양귀비 → 아편 → 모르핀 → 헤로인.

가문의 족보처럼, 아편에서 파생되는 아편계 마약성 진통제들이 있어요. 식물인 양귀비가 이것들의 시조인 단군 할아버지쯤 되겠지요. 이 마약성 진통제들을 통칭 오피오이드(Opioid)라고 불러요. 이름에서 알 수 있듯이 '오피오이드'는 아편을 뜻하는 영어 오피움(Opium)에서 유래한 단어예요.

그런데 오피오이드에는 약국에서 합법적으로 판매 중인 진통제 중에도 있어요. 옥시코돈, 메타돈, 하이드로코돈, 펜타닐 등이에요. 이 약들은 아편과는 상관없지만 신체 반응이 아편, 모르핀, 헤로인과 퍽 유사해요. 진통 효과가 있고, 장기간 복용하면 내성이 생겨서 약효가 차츰 떨어지고, 그러다 복용을 중단하면 금단 현상이 나타나는 것마저 판박이예요. 그래서 이런 진통제도 오피오이드 계열에 포함해요. 모르핀, 헤로인이 아편 가문의 순수 혈통을 이어받은 후손이라면, 옥시코돈, 메타돈, 펜타닐 등은 핏줄은 다르지만, 가문에 입양된 양자쯤 되겠지요.

지금부터 이 진통제 이야기를 좀 해 볼까 해요.

좀비 마약

미국 유학 중인 한국인이 복통 때문에 911 구급차를 불렀어요. 911 구급차는 한국의 119 구급차에 해당해요. 119 구급차는 무료지만 911 구급차는 돈을 내야 해요. 유학생이 병원에 도착했을 때 청구된 비용은 일회용 담요 가격까지 포함된 968달러 7센트, 우리 돈으로 약 127만 원이었어요. 서울에서 하와이를 왕복하는 항공권 가격과 비슷해요.

유학생이 기본적인 검사를 받은 후 병원으로부터 받은 진료 영수증에는 우리 돈으로 약 1220만 원 적혀 있었어요. 구급차 비용에 진료비까지, 유학생이 그 돈을 모두 갚는 데 4년이 걸렸어요.

미국은 의료비가 매우 비싼 국가예요. 한국은 전 국민이 사실상 의무적으로 건강보험에 가입하는 구조여서 의료비 부담이 적어요. 미국은 27퍼센트의 국민만이 한국의 건강보험 같은 공보험의 혜택을 받아요. 나머지 미국인은 보험회사에서 판매하는 사보험에 가입해야 하는데 이 보험료가 상당히 부담스러워요. 주머니 사정이 빠듯한 서민과 빈곤층은 엄두를 못 내요. 건강보험이 없으니 아파도 의료비 폭탄을 맞을까 두려워 병원에 못 가요. 대신 저렴한 진통제로 버텨요. 이런 진통제는 의사 처방전만 있으면 살 수 있어요. 대표적인 진통제가 오피오이드인 옥시코돈, 메타돈, 하이드로코돈, 펜타닐이에요.

원래 이 진통제는 시한부 환자나 수술 후 극심한 고통을 겪는 환자에게만 처방되던 약들이었어요. 제약회사들은 이게 마음에 들지 않았어요. 중환자에게만 진통제를 팔아서는 돈이 별로 안 되니까요. 1990년대 후반, 제약회사들은 규제가 풀리도록 적극적으로 로비를 했어요. 천문학적 금액의 비밀스러운 돈이 정치인과 공무원의 주머니로 흘러 들어갔어요. 소금 먹은 놈이 물을 켠다고, 미국 의료 당국은 오피오이드에 대한 감독과 관리를 느슨하게 했어요. 제약회사들은 진통제를 광고할 때 부작용인 중독성 이야기는 생략했어요. 의사들도 중환자가 아닌 일반 환자들에게 오피오이드 처방전을 남발했어요. 2012년 한 해 동안 미국 병원은 미국 인구의 약 80퍼센트에 해당하는 2억 5천 900만 장의 오피오이드 처방전을 발급했어요.

그중 가장 문제가 된 약은 펜타닐이에요. 펜타닐은 코로나 바이러스 백신을 제조하기도 했던 벨기에 제약회사 얀센이 1960년에 만든 진통제예요. 이 약은 척추 질환이나 수술받은 암 환자에게 투약할 목적으로 만들어진 특수 진통제예요. 효과가 센 만큼 가공할 중독성을 자랑하지요. 모르핀의 100배, 마약의 끝판왕이라 불리던 헤로인의 50배가 넘어요. 단 한 번의 복용으로도 뇌에서 도파민이 대량 분비되어 눈 깜짝할 사이에 사람을 중독자로 만들어요. 특히 펜타닐을 복용하면 뇌로 들어가는 산소 공급이 감소해서 중독자들은 몸을 제대로 가누지 못하고 좀비

처럼 흐느적거려요. 그래서 별명이 **좀비 마약**이에요.

일단 복용한 사람이 펜타닐을 끊는 건 사실상 불가능해요. 펜타닐 복용을 중단하면 기름에 살이 튀겨지는 듯한 **지독한 금단 현상**이 엄습하기 때문이에요. 중독자는 쾌락이 아니라 지옥 같은 고통을 잊기 위해 펜타닐 복용을 계속 늘려요. 그리고 그 끝에 기다리는 것은 죽음이에요. 펜타닐은 2밀리그램, 그러니까 연필심에 살짝 얹는 정도의 양만으로 사람의 목숨을 앗아 가요. **탐욕스러운 제약회사, 돈을 받고 규제를 소홀히 한 의약 당국, 값비싼 미국 의료비,** 이 삼박자가 맞아떨어지면서 **역사상 가장 위험한 중독성 진통제**가 대량으로 거리에 풀렸어요. 설상가상으로, 어둠의 세력까지 펜타닐에 끼어들었어요. 바로 악명 높은 **멕시코 마약 카르텔**이에요.

마약 카르텔에게 펜타닐은 대단히 매력적인 신상품이었어요. 펜타닐은 제조가 비교적 간단하고 생산 비용도 저렴해요. 펜타닐 1킬로그램을 생산하는 데 약 1000달러, 우리 돈으로 약 130만 원 정도가 필요해요. 이

마약 카르텔이란?

카르텔은 같은 제품을 생산하는 기업끼리 가격과 생산량을 담합하는 형태를 말한다. 원유를 수출하는 중동의 오펙(OPEC)이 대표적인 카르텔이다. 마약 카르텔은 기업형으로 마약을 생산하고 유통하는 조직을 말하는데, 아메리카 대륙에서 멕시코 카르텔과 콜롬비아 카르텔이 유명하다.

약 뭉치가 인형 배 속이나 신발 깔창 속에 은밀하게 숨겨져 멕시코-미국 국경을 통과하는 순간 최대 1억 원에 거래가 되어요. 거의 100배를 남겨 먹는 사업이에요.

최근까지 펜타닐을 제조해 세계에 뿌린 국가는 중국이에요. 미국 정부가 이 사실을 추궁하자 중국은 방침을 수정해 펜타닐의 원료만 생산해서 멕시코 카르텔에 공급했어요. 물론 미국은 그런 중국의 태도가 여전히 마음에 안 들었어요. 미국은 펜타닐 원료를 대 주지 말 것을 중국에게 요구했어요. 중국은 코웃음을 쳤어요.

"우리한테 이러지 말고 너희 국민 마약 수요나 통제하는 게 어때? 너희 최대 마약 소비 국가잖아."

2022년 미국 질병통제센터(CDC)는 18세부터 45세 사이의 미국인 사망 원인 1위가 펜타닐이라고 발표했어요. 이는 2020년 한 해 동안 미국에서 발생한 자살, 자동차 사고, 코로나 바이러스, 유방암으로 사망한 숫자를 합한 것보다 많은 수치였어요. 지금도 **7분마다 한 명이 펜타닐 과다 복용으로 사망**하고 있어요. 2017년 미국 대통령 트럼프는 펜타닐 문제를 '국가 비상사태'라고 표현했어요.

이걸 씹으면 힘이 솟는다고!

할리우드 영화를 보면 지폐를 둥글게 말아 백색 가루를 코로 흡입하는 장면이 종종 나와요. 이 **백색 가루의 정체는 코카인이라는 마약**이에요.

2009년, 미국 화학 학회는 미국과 캐나다에서 유통되는 지폐의 90퍼센트에서 코카인이 검출되었다고 발표했어요. 물론 그 많은 지폐가 전부 코카인 흡입에 사용된 것은 아니에요. 코카인 묻은 지폐가 은행 입출금기나 사람들의 지갑과 주머니 속을 들락거리는 과정에서 다른 지폐에 코카인을 묻혔을 테니까요. 그렇다 해도, 함께 조사한 중국은 20퍼센트, 일본은 12퍼센트에 불과했으니 미국 내 코카인 복용자가 얼마나 많은지 짐작할 수 있어요.

코카인은 인류가 만들어 낸 가장 위험한 마약 중 하나이자 가장 비싼 마약이며, 대마초 다음으로 많이 팔리는 2위 마약이에요. 전 세계 코카인 복용자는 약 2100만 명이고, 매년 미국인들은 370억 달러를 코카인 구매에 사용하고 있어요. 이 코카인은 누구에 의해, 왜, 어떻게 만들어지게 되었을까요?

때는 16세기, 남미 대륙에 들어온 스페인 사람들은 이상한 광경을 목격했어요. 원주민들이 코카(Coca)라는 나뭇잎을 껌처럼 질겅질겅 씹고 있었어요. 스페인 사람들은 신기해서 물어봤어요.

"너희, 그거 왜 씹는 거야? 안 써?"

"아냐, 씹으면 상쾌해. 기운도 막 난다고!"

스페인 사람이 코카 잎을 입에 넣고 씹었더니 사실이었어요. 새로운 에너지가 샘솟는 느낌이었어요. 각성 효과예요. 밤샘 공부나 야근을 하다가 졸릴 때 커피나 에너지 드링크를 마시면 졸음은 사라지고 집중력은 좋아지면서, 없던 기운도 생기잖아요? 커피와 에너지 드링크에 든 카페인의 각성 성분 때문이에요. 그래서 이런 물질을 각성제라고 불러요.

앞에서 살펴본 아편, 모르핀, 헤로인 등의 아편 계열 마약은 통증을 감소시키고 기분을 좋게 만들어요. 하지만 불끈 기운을 내게 하거나 들뜨게 해 주지는 않아요. 오히려 들뜬 기분을 진정시키고 차분히 가라앉혀요. 기분을 다운(Down)시키는 이런 물질을 진정제라고 해요. 덧붙이면 술도 진정제에 속해요. 술을 마시면 반응이 굼뜨게 되고 점점 졸리는데, 알코올에 진정제 성분이 들어 있기 때문이에요. 반면, 각성제는 사람의 기분을 업(Up)시키는 물질이에요.

코카나무 서식지는 남미 안데스산맥 고지대예요. 16세기, 남미를 식민지로 삼은 스페인은 원주민을 위협해 은광에서 은을 캐도록 했는데, 이때 원주민에게 코카인 잎을 지급했어요. 이거 먹고 기운 내서 더 많은 은을 캐라는 의미로 말이에요.

1859년, 독일 화학자 알베르트 니만은 코카 잎에서 각성제 성분 추출에 성공했어요. 니만은 코카 잎을 강산성 물질인 황산과 알코올을 섞은 용액에 푹 담갔어요. 시간이 경과하면 코카 잎에 든 알칼로이드 성분이 스멀스멀 빠져나오는데 이것이 코카인(Cocaine)이에요. 양귀비에서 추출한 알칼로이드가 아편인 것처럼 말이에요.

제약회사는 이 코카인을 신비로운 물질이라고 광고해서 약으로 팔았어요. 코카인은 배탈, 소화 불량, 우울증 환자에게 처방되었는데, 수술 마취제로도 사용되었어요. 코카인에는 감각을 무뎌지게 하는 마비 기능도 있었거든요. 1834년, 오스트리아 안과 의사 칼 콜러는 백내장 수술을 할 때 코카인을 국소 마취제로 사용했어요. 세계 최초의 국소 마취제였어요.

코카콜라와 프로이트

1884년, 독일의 정신분석학자 지그문트 프로이트는 의학 저널에 실린 보고서를 주의 깊게 읽고 있었어요. 독일 군의관이 작전 수행 중인 독일 병사들에게 코카인을 지급하자, 병사들의 에너지가 증가했다는 내용이었어요. 호기심이 동한 프로이트도 코카인을 복용해 봤어요. 그랬더니 정말로 기분이 좋아지고 힘이 불끈 솟았어요.

'코카인은 마법이구나!'

이때부터 프로이트는 코카인 예찬론자가 되었어요. 친구와 가족, 환자, 심지어 자신의 약혼녀까지, 만나는 사람마다 코카인을 만병통치약이라며 추천했어요. 그 무렵, 유럽에는 코카인을 와인에 타서 먹는 뱅 마리아니라는 음료가 등장했어요. 미국 대통령, 로마 교황, 영국 여왕, 러시아 황후, 프랑스의 작가 에밀 졸라, 발명왕 토머스 에디슨 등등, 각국 저명인사와 유명인들이 이 음료를 즐겨 마셨어요.

이 뱅 마리아니에 관심을 보인 미국인이 있었어요. 조지아 출신의 약사 존 펨버턴이라는 남자였어요. 의학을 공부한 펨버턴은 남북전쟁이 발발하자 남부군 장교로 참전했어요. 어느 날, 펨버턴은 교전 중에 큰 부상을 입었어요. 군의관은 펨버턴의 상처가 너무 치명적이어서 가망이 없다고 판단했어요. 마지막 가는 길에 고통이라도 덜어 주자고 펨퍼턴에게 모르핀 주사를 놓았어요. 펨버턴은 죽지 않았어요. 기적 같은 일이었어요.

전쟁이 끝난 후 펨버턴은 큰 제약회사에 입사했어요. 회사에서는 능력을 인정받았고 수입도 안정적이었어요. 누가 봐도 평탄한 인생을 영위하고 있는 것처럼 보인 펨버턴이었지만, 사실 그는 비밀스럽게 고통을 견뎌내고 있었어요. 마약 중독이었어요.

펨버턴은 모르핀 덕분에 목숨을 구했지만, 그 후에도 통증이 극심해 모르핀 주사를 계속 맞고 있었어요. 결국 펨버턴은 모르핀 중독자가 되었어요. 펨버턴은 모르핀 중독을 치료할 방법을 찾고 있었어요. 그때 코카인을 탄 와인, 뱅 마리아니 이야기를 들었어요.

'코카인이 만병통치약이라는 소문이 있던데, 혹시 이걸로 내 중독도 치료할 수 있지 않을까?'

펨버턴은 뱅 마리아니 제조법을 참고해, 코카인과 적포도주 그리고 카페인 성분이 있는 콜라(Kola)나무 열매를 섞은 음료를 만들었어요. 펨버턴은 이 음료에 자신의 이름도 들어간 '펨버턴의 프렌치 와인 코카'라고 이름 지었어요. 펨버턴은 이 신제품이 모르핀 중독과 두통, 신경 장애, 소화 불량에 특효약이라고 선전했어요.

1868년, 펨버턴이 거주하는 애틀랜타 주가 술의 제조, 판매, 유통을 금지하는 금주법을 시행했어요. 펨버턴도 프렌치 와인 코카를 만들 때 포도주를 넣을 수 없어서 탄산음료를 넣었어요. 그리고 음료 이름도 코카콜라(Coca-Cola)로 바꿨어요. 콜라의 정식 표기는 Kola지만, 코카인의 첫 머

리글자인 C와 맞추기 위해 Cola로 고쳐 썼어요. 세계적인 탄산음료 코카콜라는 이렇게 탄생했어요.

20세기 초, 미국 정부가 코카인 사용을 금지하자 코카콜라도 1929년부터 콜라에 코카인을 넣지 않고 있어요.

펨버턴은 콜라를 팔아 큰 부자가 되었지만 모르핀 중독은 치료하지 못한 채 1888년에 사망했어요. 코카인은 모르핀에 아무런 효과가 없었던 거예요.

한편, 독일의 프로이트에게도 비슷한 일이 일어났어요. 프로이트에게는 모르핀 중독으로 고생하는 친구가 있었어요. 프로이트는 만병통치약 코카인이 모르핀 중독도 치료한다고 믿고 친구에게 코카인을 권유했어요. 친구는 모르핀 중독에 이어 코카인까지 중독되고 말았어요. 가련한 그 친구는 벌레가 온몸에 들끓는 지독한 환각에 시달리다 숨을 거뒀어요.

자살 특공대와 초콜릿

1893년, 일본 도쿄대 의학부 교수 나가이 나가요시는 천식 약을 연구하던 중에 우연히 메스암페타민이라는 물질을 합성했어요. 1941년 일본 제약회사 대일본제약이 이 물질을 피로회복제로 만들어 팔았어요. 대일본제약은 그 약의 이름은 필로폰(Philopon)이라고 지었어요.

필로폰은 그리스어로 '사랑'을 뜻하는 필로(Philo)와 노동을 뜻하는 포누스(Ponus)를 조합한 단어예요. 풀이하면 '노동을 사랑하는 약, 소처럼 일하게 만드는 약'쯤 될 거예요. 이름에서 알 수 있듯, 필로폰도 코카인과 같은 각성제예요.

2차 세계대전이 막바지에 달하던 1940년대, 일본은 자국민을 동원해 군수 물자 생산에 박차를 가했어요. 이때 일본 정부는 노동자들에게 필로폰을 먹여 밤잠도 안 자고 일을 하도록 했어요. 전황이 불리해지자 일본군 수뇌부는 폭탄을 실은 전투기를 미군 전함에 충돌시키는 자살 공격을 지시했어요. 악명 높은 가미카제 작전이에요. 일본군 조종사들은 출격 직전에 따뜻한 술을 지급받았는데 이 술에는 필로폰이 들어 있었어요. 자살

공격은 맨 정신으로는 할 수 없는 일이었으니까요.

　메스암페타민은 일본의 동맹국이었던 독일에서도 크게 유행했어요. 독일에서는 **페르비틴(Pervitin)이라는 브랜드로 팔렸는데 거의 '국민 영양제'**였어요. 독일 정부는 전투력 향상을 위해 3500만 갑의 페르비틴을 전선에 보급했어요. 페르비틴 알약을 삼킨 독일군은 초능력을 가진 전사로 변신했어요. 두려움은 사라졌고 잔인해졌으며, 2~3일쯤은 안 자도 거뜬한 데다, 아무리 걸어도 피로를 느끼지 못했어요. 그 밖에 졸음과 싸우는 근로자, 집중력이 필요한 외과 의사, 창의력을 갈구하는 예술가들까지 페르비틴을 먹었어요. 까다로운 여성의 입맛을 겨냥해 초콜릿이 들어간 제품도 출시되어 불티나게 팔렸어요. 2차 대전이 한창이던 20세기 중반, 동양의 일본 국민과 유럽의 독일 국민은 마약에 취해 있었어요.

감기약만 있으면 돼!

월터는 세계적인 화학자였지만 일이 잘 풀리지 않아 고등학교에서 화학을 가르치고 있었어요. 교사 월급으로는 생활이 안 되어 방과 후에는 세차장에서 아르바이트까지 하고 있어요. 어느 날, 월터는 마약단속국(DEA) 요원 친구를 따라 마약 단속 현장에 가게 되었어요. 그곳에서 월터는 말로만 듣던 마약 제조실을 보게 되었어요. 월터는 생각했어요.

'이 정도는 나도…. 아니, 나라면 훨씬 더 잘 만들 수 있어.'

돈이 필요했던 월터는 직접 마약을 제조해 팔겠다는 무서운 계획을 꾸며요. 월터는 자신의 제자이자 마약 중독자이며, 마약 판매상인 제시를 찾아가 마약 제조법을 가르쳐 달라고 졸라요. 두 사람은 동업을 맺고 사람들의 이목을 피하고자 이동하는 캠핑카 안에 실험실을 만들었어요. 월터는 자신이 호언장담한 대로 지금껏 어떤 마약 기술자도 하지 못했던 최고 품질의 마약을 생산해요. 월터가 만든 마약은 미국 마약 암시장을 뒤흔들어요.

미국 드라마 〈브레이킹 배드(Breaking Bad)〉의 줄거리예요. 드라마에

서 월터가 만든 마약이 메스암페타민이에요.

월터가 아무리 뛰어난 화학자라고 해도 좁은 캠핑카 안에서 마약을 그렇게 뚝딱 만들 수 있을까요? 드라마의 재미를 위해 현실을 과장한 것은 아닐까요? 정답은 '충분히 가능하다'예요.

사실, 월터 같은 화학 전문가일 필요도 없어요. 약간의 화학 지식을 갖고 있고, 감기약을 살 돈만 있으면 개인도 메스암페타민을 제조할 수 있어요.

감기약과 비염 알레르기 약 중에 슈도에페드린 성분이 든 제품들이 있어요. 슈도에페드린은 심혈관에 작용하는 물질인데, 메스암페타민과 화학식이 매우 비슷해요. 슈도에페드린의 산소 원자 하나를 제거하면 메스암페타민을 만들 수 있어요. 이런 감기약 100알이면 150명에게 투약할 수 있는 메스암페타민을 뽑아낼 수 있어요. 제조법은 이미 인터넷에 공개되어 있어요. 소름 끼치는 일이지만 현실이에요. 실제로 2013년, 감기약에서 메스암페타민을 제조해 판매까지 하다가 적발된 사건도 있었어요. 이런 문제 때문에 지금은 슈도에페드린 성분의 감기약은 의사 처방전이 있어야 구입할 수 있도록 법이 바뀌었어요.

마의태자와 안동포

935년, 신라 경순왕은 나라의 국운이 다했다고 생각했어요. 그래서 평소 신라에 호의적이었던 고려에 나라를 넘기기로 했어요. 왕의 아들인 태자는 울면서 이 결정에 반대했어요. 경순왕이 기어이 고려에 항복하자 태자는 그 길로 산에 들어가 평생 삼베옷을 입으며 살다 죽었어요. 훗날, 사람들은 그를 마의태자라고 불렀어요. '마의(麻衣)'는 삼베옷이란 뜻이에요.

삼베는 대마라는 식물의 줄기로 만들어요. 무심코 보면 대마는 키 큰 잡초처럼 생겼어요. 실제로 영어권 문화에서는 대마를 잡초라는 뜻의 위드(Weed)라고 부르기도 해요.

하지만 잡초 취급을 하면 대마가 서운해할지도 몰라요. 인류는 약 9천 년 전부터 진통제와 두통약, 변비 치료 목적으로 대마를 사용했어요. 대마는 뿌리, 줄기, 잎, 씨앗까지 버릴 데가 없는 식물이에요. 줄기는 튼튼하고 습기에 강해서 인류는 오래전부터 대마 줄기로 옷을 해서 입고, 밧줄과 그물과 종이를 만들었어요. 속대는 친환경 건축 자재인 헴프크리트(Hempcret)의 원료로 인기가 높아요. 대마 씨앗 헴프 시드(Hemp Seed)는

미국 주간지 「타임」이 선정한 세계 6대 슈퍼 푸드 중 하나로, 고혈압과 당뇨에 좋은 식품이에요. 또 대마는 소아 뇌전증과 파킨슨병, 치매 치료제로 의료 산업에서 널리 사용되고 있어요.

대마는 키우기도 쉬워요. 라틴어로 대마를 사티바(Sativa)라고 하는데, '경작하기 쉽다'라는 뜻이에요. 대마는 토양이나 온도, 습도에 까다롭지 않아 콩나물처럼 쑥쑥 잘 자라요.

그런데 키우기 쉽다는 것이 키울 수 있다는 뜻은 아니에요. 개인이 베란다나 텃밭에서 대마를 키우면 형사 처벌을 각오해야 해요. 대마는 마약류로 지정된 대마초의 원료이기 때문이에요.

하지만 마약이 목적이 아닌, 옷이나 씨앗을 얻기 위해서라면 국가의 허락을 받아 대마를 재배할 수 있어요. 대표적인 지역이 경북 안동이에요. 안동에서 생산되는 유명한 특산품 안동포는 대마로 만든 옷감이에요. 그래서 2020년 정부는 대마를 키울 수 있도록 안동을 대마 규제 자유 특구로 지정했어요.

대마초 논란

 대마초는 지구상에서 가장 넓은 면적에서 재배되고 밀거래가 가장 많은 불법 약물이에요. 또한, 전 세계에서 발생하는 모든 약물 발작의 절반은 대마초가 원인이에요. 오늘날 세계 인구의 약 2퍼센트인 1억 4천 700만 명이 대마초를 소비하고 있어요. 2위인 코카인 복용자 숫자는 세계 인구의 0.2퍼센트 정도예요.

인류는 5천 년 전부터, 기분 전환의 목적으로 대마초를 피웠어요. 대마의 잎과 꽃대 윗부분을 바싹 말려 담배처럼 돌돌 말아 피우는 방식이 가장 일반적이지만, 물담배처럼 피우거나, 음식에 타서 먹기도 해요. 대마초 연기가 몸에 들어오면 사람은 편안함과 행복감, 나른함을 느껴요. 또 식욕이 좋아져서 계속 먹게 되기도 해요. 특히, 감각의 폭이 평소보다 10배에서 100배까지 증폭되어 평소에 경험하지 못했던 세계를 느낀다고 해요. 그래서인지 창의력과 영감에 늘 목말라 있는, 음악가, 문학가, 화가 등의 예술가 집단에서 대마초 복용자가 유난히 많아요.

대마에는 약 70종의 다양한 성분이 들어 있는데 가장 대표적인 성분이 CBD와 THC예요. CBD는 환자들의 통증을 달래 주는 의료용으로 사

태국에서 한국인이 대마초를 피워도 될까?

한국에서는 기호용 대마초가 불법이다. 그렇다면 대마초가 합법인 태국이나, 네덜란드 암스테르담에서 한국인이 대마초를 피우는 것은 괜찮지 않을까 생각하기도 하지만 피워서는 안 된다. 법에는 크게 속인주의와 속지주의가 있다. 속인주의는 법을 적용할 때 그 사람이 어떤 국적인가를 따진다. 반면, 속지주의는 법을 적용하는 기준이 위치, 즉 지역이다. 한국은 속인주의를 채택하고 있다. 즉, 국적이 기준이다. 따라서 태국에서 대마초를 피워도, 국적이 한국인이므로 한국법의 적용을 받는다.

용되고 있고, THC가 문제의 마약 성분이에요. THC는 기분을 좋게 하고, 감각을 자극하면서 동시에 환각을 일으키는 물질이에요.

대마초를 피웠더니 행복한 기분이 들고 식욕이 좋아지는 것은 문제가 될 게 없어요. 타인에게 피해를 주지 않으니까요. 하지만 환각 상태로 자동차를 모는 것은 전혀 다른 문제예요. 자칫 대참사로 이어질 수 있어요. 이것이 대마초가 마약류 취급을 받는 큰 이유예요.

이런 환각성 논란에도 불구하고, 대마초를 합법화해야 한다는 목소리도 만만치 않아요. 대마초는 담배나 술보다 의존성과 금단 현상이 낮고, 중독성도 낮아서 헤로인이나 코카인 같은 마약과 동급으로 취급받아서는 안 된다는 게 그들의 주장이에요.

네덜란드는 수도인 암스테르담에 한해 대마초를 허용했어요. 태국, 캐나다, 우루과이도 대마초를 합법화했어요. 미국은 워싱턴 D. C.를 포함 17개 주에서 기호용 대마초를 허용하고 있어요. 기호용 대마초란, 우리가 마약이라 부르는 기분 전환용 대마초를 말해요.

마약의 경제학

1971년 6월 17일, 미국의 닉슨 대통령은 마약과의 전쟁을 선포했어요. 미국 내 마약 사범을 체포하고, 미국에 마약을 공급하는 중남미 국가에 미군과 DEA(마약단속국)를 파견해 마약 카르텔을 공격했어요.

이때 미국이 채택했던 전략은 '노 드러그스, 노 프라블럼스(No drugs, No problems, 마약이 없으면, 문제도 없다).'였어요. 대략 이런 계획이었어요.

중남미 마약 조직을 소탕하고 마약 판매를 단속한다. → 마약 공급이 감소한다. → 수요와 공급 법칙에 따라 마약이 귀해지면서 마약 가격은 상승한다. → 사람들은 비싼 마약을 덜 사게 된다. → 작전 성공!

미국은 50년간 이어진 마약과의 전쟁에서 무려 300억 달러를 쏟아부었어요. 한화로 40조 원에 가까운 엄청난 금액이에요. 백만 명이 넘는 중남미인이 사망하고 수십만 명의 마약 사범이 감옥에 보내졌지만, DEA가 저지한 것이라고는 미국 마약 유통의 1퍼센트에 불과했어요. 중남미 마약 조직은 와해되기는커녕 세력을 더욱 키웠고요. 이유가 뭘까요?

수요와 공급 법칙에 의하면 어떤 물건의 가격이 오르면 수요가 감소해요. 하지만 늘 그런 것은 아니에요. 예를 들어, 쌀이나 석유는 가격이 상승해도 수요가 별로 줄지 않아요. 비싸도 구매해야 하는 필수품이니까요. 경제학에서는 이런 상품을 비탄력적 상품이라고 불러요.

 마약도 비탄력적 상품이에요. 왜냐하면, 마약 수요자의 대부분은 중독자이기 때문이에요. 그들은 마약 값이 뛰어도 구매를 단념하지 않아요. 아니, 못 해요. 뇌가 도파민에 의해 변형된 상태라 마약을 끊을 수가 없거든요. 미국이 마약을 단속할수록 중남미 마약 조직은 옛날보다 더 큰 수익을 벌어 들였어요. 마약 수요는 그대로인데, 가격만 껑충 뛰어 버렸으니까요.

 이 사실이 알려지자, 중남미의 다른 범죄 조직까지 돈 냄새를 맡고 마약 생산과 유통에 뛰어들었어요. 높은 수익이 보장된다면 그들은 얼마든지 위험을 감수할 준비가 되어 있었어요. 미국 군대가 멕시코 정부와 공조해 멕시코 마약 조직원을 체포하고 양귀비 밭을 초토화시켜 버리자 몇 년 후 콜롬비아인들이 안데스산맥 밀림에 코카나무를 심어 코카인을 생산하기 시작했어요. 미국이 막대한 물량과 돈을 쏟아부은 마약과의 전쟁은 결국 실패로 막을 내렸어요.

Chapter 3
도박 중독

"카지노에 간 건 어느 금요일 밤이었어요. 직장 동료들과 함께였죠. 기계에는 화면이 있고, 거기에는 숫자와 귀여운 그림이 떠 있었어요. 규칙은 간단했어요. 그 숫자와 그림을 맞추면 돈을 따는 거였어요. 나는 190달러를 벌었어요. 머릿속이 하얗게 탈색되고, 짜릿한 전류가 척추뼈를 타고 흘러내리는 듯했어요. 순간, '매일 일하러 갈 필요도 없겠는걸?' 하고 생각했어요. 퇴근 후 내가 매일 거기에 앉기까지는 5주가 걸렸고 은행 계좌가 바닥이 나고 모든 신용카드가 정지되기까지는 2년이 걸렸어요. 하나둘, 사람들이 나를 떠나갔어요. 남편이 집을 나가던 밤에도, 나는 85센트밖에 없는 주제에 카지노에 갈 궁리뿐이었어요.

　나는 잠든 딸의 방에 들어갔어요. 손을 뻗어 침대 옆에 놓인 딸아이의 돼지 저금통을 집었어요. 손이 미끄러져 저금통이 바닥에 떨어졌고, 산산조각이 났어요. 나는 황급히 바닥에 무릎을 꿇고 흩어진 5센트와 10센트 동전들을 주웠어요. 7세 딸아이가 침대에서 일어나 나를 돕더니, 내게 동전 한 움큼을 내밀었어요. 나는 집을 뛰쳐나가 차고로 들어가 한참을 앉아 있었어요. 그리고 깨달았죠. 내가 모든 것을 잃었다는 걸."

-호주의 주부

도박의 역사

돈과 같은 금품을 걸고 승부를 다투는 것을 도박이라고 해요. 동전과 지폐가 사용되기 전부터 인류는 도박을 즐겼어요. 먹을 것, 토지, 가축, 심지어 사람까지, 가치가 있다고 판단되면 가리지 않고 도박에 걸었어요.

고대 문명의 발상지인 메소포타미아(지금의 이라크)에서는 주사위를 이용한 도박을 했고, 중국에는 3천 년 전부터 대륙 전역에 도박장이 퍼져 있었어요.

7세기 리디아(지금의 튀르키예 서부 지역)에서 최초의 동전이 만들어지면서, 도박에 돈이 사용되었어요. 로마 제국 시대에는 원형 경기장인 콜로세움 등에서 검투사 시합이나 맹수들 간의 싸움, 전차 경주 등이 심심찮게 벌어졌는데, 이때 로마 시민들은 누가 이기느냐를 두고 돈을 걸었어요.

특히, 전차 경주는 인기가 매우 높아서 도박꾼도 많고, 걸린 판돈도 상당했어요. 그러다 보니 승자를 맞히지 못해 돈을 잃은 사람과 승자를 맞혀 돈을 번 사람 사이에 패싸움이 종종 벌어질 정도였어요.

이렇게 도박은 사람의 이성을 눈멀게 해요. 성경에는 예수가 십자가에 못 박히자, 로마 병사들이 예수의 옷을 차지하기 위해 제비를 뽑았다는 내용이 나와요.

오늘날 도박장의 상징처럼 여겨지는 '카지노(Casino)'는 1638년 이탈리아 베네치아에서 처음 설립되었어요. 카지노는 '작은 집'이라는 뜻의 이탈리아어 카사(Casa)에서 유래한 단어예요. 설립자는 이탈리아 정부였어요. 이탈리아 정부는 도박장을 운영하면서 막대한 이익을 챙겼어요. 도박장이 수지맞는 사업이라는 사실이 알려지면서 세계 곳곳에 카지노가 세워졌어요.

기독교의 입김이 거셌던 유럽에서 한탕을 노리는 도박은 성실, 근면, 절제를 미덕으로 권장하는 기독교 정신에 맞지 않아 비난을 받았지만 금지되지는 않았어요. 하지만 도박장이 마피아나 야쿠자 같은 범죄 단체의 자금줄 노릇을 하면서 각 나라는 카지노를 제외한 도박장과 도박을 불법으로 규정하기 시작했어요.

우리나라도 국가에서 관리하는 로또, 경마, 경륜, 경정, 강원랜드 등을 제외한 모든 도박은 불법이에요. 도박을 이용해 세력을 불리려는 범죄 조직을 견제한다는 목적도 있지만, 무엇보다 도박은 개인과 사회에 미치는 폐해가 너무 크기 때문이에요. 도박도 마약처럼 한번 빠지면 멈출 수 없는 중독성을 갖고 있어요.

도박 중독으로 가는 첫걸음

　도박을 잘 모르는 초보가 '다 잃어도 좋아!'라는 가벼운 마음으로 참여했다가 큰돈을 따는 경우가 종종 있어요. 도박판에서는 이것을 '초심자의 행운'이라고 불러요. 도박 말고도 주식 초보가 산 주식이 크게 오를 때도 초심자의 행운이라고 말해요.

　이처럼 한 번에 큰 수익이 나는 것을 빅원(Big Win)이라고 해요. 비록 운이지만 돈을 벌었으니 그건 축하할 일이겠지만, 어떤 경우에는 돈을 잃는 편이 더 나을 수도 있어요. 그랬다면 그 사람은 미련 없이 일어나 다시는 그곳을 기웃대지 않았을 테니까요.

　어떤 사람에게는 빅원의 경험이 불행으로 이어지는 첫걸음일 수 있어요. 도박 중독 말이에요. 기대하지 않은 도박에서 큰돈을 따는 순간, 사람의 뇌에서는 도파민이 홍수처럼 분비되어요. 그 짜릿한 기억은 좀처럼 사라지지 않아요. 불을 끄고 누워도 어둠 속에서 카지노를 밝히던 화려한 조명이 되살아나고 귀에서는 동전과 칩이 쏟아지는 소리가 생생하게 들려요. 그리고 생각해요.

　'혹시 나는 도박에 천부적인 재능을 타고난 게 아닐까?'

문득, 자신의 월급이 푼돈 같고, 아끼고 저축을 하며 알뜰하게 살았던 자신이 궁상맞게 느껴지기까지 해요. '그깟 월급, 도박 한 판이면 몇 배를 벌 수 있는데.'라고 생각하니까요.

도파민의 기능을 알아낸 사람은?

도파민의 존재가 알려진 것은 1910년, 영국 과학자들에 의해서이다. 하지만 정작 과학자들은 도파민이 우리 몸에서 무슨 역할을 하는지 잘 알지 못했다. 그러다 1957년 스웨덴의 신경정신학자 아르비드 칼손은 도파민이 바로 신경 전달 물질이라는 것을 알아냈다. 칼손은 토끼의 뇌에 주사를 놔서 도파민을 분비되지 못하게 했다. 그랬더니 토끼는 사지 마비가 걸린 것처럼 꼼짝도 하지 못했다. 파킨슨병의 원인이 바로 도파민 분비에 이상이 있다는 것을 증명해 낸 것이다. 칼손은 그 공로로 2000년 노벨 생리학·의학상을 수상했다.

그래서 며칠 후, 도박 초보는 다시 도박 테이블에 앉아요. 하지만 초심자의 행운은 결코 계속되지 않아요. 그 사람은 지난번에 땄던 돈을 포함해 수중에 든 돈을 모두 잃어요. 다음번에도, 다음다음 번에도. 중간에 몇 번 돈을 따기는 하지만 마지막에는 어김없이 빈손으로 도박장을 나와요. 모든 도박은 횟수가 거듭될수록 필연적으로 참가자가 돈을 모두 잃게끔 수학적으로 설계되어 있어요. 그래도 그는 도박을 멈추지 못해요. 이유가 뭘까요?

불확실하니까 더욱 끌린다

카지노에는 오락실 기계처럼 생긴 **슬롯머신**
이라는 도박 기기가 있어요. 레버를 잡아당겨 정해진 무늬와 숫자의 짝을 맞추면 돈을 딸 수 있어요. 하지만 슬롯머신으로 참가자가 이길 확률은 겨우 6퍼센트예요.

도박하지 않는 사람의 입장에서 보면, 이건 정말 멍청한 짓이에요. 길바닥에 돈을 버리는 것과 진배없어요. 하지만 슬롯머신 앞에 앉은 사람들은 정말 진지하게 레버를 잡아당겨요. 세상에 이것보다 즐거운 일은 없다는 표정까지 지으면서 말이에요.

20세기 초, 미국인 심리학자 버러스 프레더릭 스키너는 한 가지 재밌는 실험을 했어요. 스키너는 배고픈 쥐에게 레버가 달린 세 개의 상자를 제공했어요. 1번 상자는 레버를 잡아당기면 먹이가 나와요. 2번 상자는 레버를 당겨도 먹이가 나오지 않고요. 3번 상자는 랜덤, 즉 무작위예요. 레버를 당겨도 먹이가 나올 때가 있고 안 나올 때도 있어요. 쥐는 어떤 반응을 보였을까요?

언뜻 생각하면, 쥐는 확실하게 먹이가 보장된 1번 상자의 레버를 가장

많이 당겼을 것 같아요. 그런데 뜻밖에도 쥐가 가장 많이 당긴 레버는 3번 상자였어요.

쥐의 이런 행동은 어떻게 해석할 수 있을까요? 사실, 우리 인간에게도 비슷한 심리가 있어요. 사람은 확실한 성공보다는 실패할 가능성도 있는 불확실한 대상이나 목표에 더욱 끌리는 경향이 있어요. 100퍼센트 예측할 수 있는 대상은 오래된 친구처럼 편하지만 가끔은 지루하고 싫증이 나요. 반면, 예측할 수 없는 대상은 우리를 늘 긴장시키면서 내면에 잠든 승부욕을 자극해요. 어떨 때는 상대가 매력적으로 보이기까지 해요. 마치 나쁜 남자에게 끌리는 것처럼요. 미국의 소설가 마크 트웨인도 이런 말을 했어요.

"길에서 주운 1달러는 일해서 얻은 99달러보다 더 큰 만족을 가져다준다."

심리학에서는 이렇게 불규칙적으로 주어지는 보상을 간헐적 보상이라고 불러요. 그리고 우리 뇌는 확실한 보상보다는 불확실한 간헐적 보상일 때 더 많은 도파민을 분비해요. 도박도 간헐적 보상이 주어지는 게임이에요. 그래서 사람들은 돈을 계속 잃으면서도 홀린 듯 슬롯머신의 레버를 계속 잡아당겨요. 3번 상자의 레버를 잡아당기는 쥐처럼 말이에요.

도박 중독자는 물귀신이다

도박에 중독된 사람은 자신의 의지로 도박을 멈출 수 없어요. 도박 세계에 이런 말이 있어요.

"도박꾼은 손을 자르면 발로 하고, 발을 자르면 입으로 한다."

도박 중독자는 폭주하는 기관차와 같아요. 수중에 돈이 있는 한 도박을 멈추지 않아요. 돈이 떨어지면 도박 자금을 마련하기 위해 모든 수단을 동원해요. 은행 예금과 적금을 해약하고, 금붙이와 보석과 자동차와 집을 팔아요. 더는 팔 것이 남아 있지 않으면 빌려요. 처음에는 은행에서 빌리고, 신용카드 현금 서비스를 사용하지만 이자조차 갚지 못해 신용 불량자로 전락해요.

뒤늦게 부모님과 친척이 그 사실을 알게 되었어요. 도박 중독자는 앞으로 절대로 도박을 하지 않고, 성실하게 살 테니 한 번만 도와 달라고 애걸해요. 부모님과 친척은 그 약속을 믿고 있는 돈 없는 돈을 끌어모아 빚을 대신 갚아 줘요.

하지만 세상에서 가장 믿을 수 없는 것이 도박 중독자의 말이에요. 빚의 압박에서 해방된 도박 중독자는 더욱 홀가분한 마음으로 도박을 시작

해요. 빚은 또 늘어나고 다시 신용 불량자로 등록되어요.

이렇게 도박 중독자가 사고를 칠 때마다 뒷수습은 가족의 몫이에요. 빚을 지면 대신 갚아 주고, 도박으로 직장에서 해고되면 일자리를 찾아 주고, 굶으면 밥을 사 주고 잠잘 곳도 마련해 줘요. 가족들은 그것이 옳은 일이라고 생각해요. 왜냐하면 우리는 서로 사랑하는 가족이고, 가족 구성원 중 누군가 힘들어하면 도와야 하는 게 가족의 의무라고 믿으니까요. 하지만 그들은 문제의 본질을 모르고 있어요.

불쌍하다고 도박 중독자의 빚을 대신 갚아 주거나, 돈을 빌려 주는 것은 상황을 악화시킬 뿐이에요. 도박 중독자는 의지가 부족한 것도 아니고, 윤리적으로 타락한 것도 아니에요. 또 감기처럼 시간이 지난다고 해서 상태가 좋아지지도 않아요. 도박은 질환이고 그것도 중병이에요. 도파민 과다 분비 때문에 뇌에 문제가 생긴 정신 질환이에요. 세계보건기구(WHO)는 이미 1977년부터 도박 중독을 정식 질환으로 분류했어요. 현대 정신의학도 도박 중독을 충동 조절 장애의 하나인 정신 질환으로 인정하고 있어요. 정신 질환자는 당장 의료기관에서 치료를 받아야 해요. 하지만 도박 중독자와 그의 가족들은 이 사실을 좀처럼 인정하지 않아요.

"내가 정신병자라고? 도박 좀 했다고 이상한 사람 취급하네!"

"내 아들이 정신병자라고? 웃기지 마!"

"내 남편이 정신병자라고요? 그럴 리가 없어요."

때때로 도박은 마약보다 치명적이에요. 마약 중독자는 대개 자신만을 궁지에 밀어 넣지만, 도박 중독자는 물귀신처럼 가까운 사람의 바짓가랑

이를 붙잡고 함께 파멸의 수렁으로 이끌고 들어가요. 도박 중독자는 구걸하듯 친구에게 손을 내밀고, 친척에게 손을 내밀고, 선배와 후배에게 돈 좀 빌려 달라는 아쉬운 소리를 해요. 급기야 은행보다 문턱은 낮지만 이자는 비교도 할 수 없을 만큼 많이 내야 하는 대부업체, 즉 사채 사무실의 문까지 두드려요. 아무리 빌리고 돈을 쏟아부어도 도박은 밑 빠진 독에 물 붓기예요. 빚은 눈덩이처럼 자꾸자꾸 불어나기만 해요.

  참을성 있게 기다려 주고 응원하던 가족도 한계에 봉착해요. 도박 자금을 대 주느라 가정 경제는 파탄 상태이고, 가족 간 불화로 우울증에 걸리는 사람도 나타나요. 이것을 공동 의존증이라고 해요. 공동 의존증이란 도박이나 알코올 중독에 빠진 사람이 가족 구성원에게 정신적 질병을 전파하는 현상이에요. 통계에 의하면, 한 사람이 도박에 빠지면 평균적으로 주변 사람 17명이 고통을 받는다고 해요.

백해무익한 도박

오늘날 세계 인구의 약 20퍼센트인 16억 명이 도박을 하고 있어요. 그중에서 지속적이고 반복적으로 도박을 하는 도박 중독자의 비율은 약 1퍼센트예요. 2022년 기준 세계 도박 시장의 규모는 무려 4490억 달러(약 590조)이고, 사람들은 하루에 약 45억 달러, 한국 돈으로 6조 원에 가까운 어마어마한 금액을 도박에 걸고 있어요. 우리나라 도박 시장은 강원랜드, 스포츠토토, 경마와 같은 합법적인 도박장과 사설 토토, 온라인 카지노, 사다리 등의 불법 도박으로 나누어져 있어요. 전체 시장 규모는 합법 도박이 약 20조 원인데, 불법 도박 시장 규모는 4배 이상인 84조 원이에요.

현재 우리나라 성인 220만 명이 도박 중독자이고, 그중 46만 명은 신속한 치료가 필요한 중증 상태라고 해요. 도박 중독자 한 명은 매년 약 1200만 원을 도박에 사용하고 약 414만 원의 빚을 지고 있어요. 또 도박 중독자의 16퍼센트가 도박 자금을 마련하기 위해 물건을 훔치는 범죄를 저지르고 있고, 12퍼센트는 폭력을 휘두르고 있어요.

도박은 막대한 사회적 비용을 발생시켜요. 도박에 빠진 국민이 일

하지 못해서 발생하는 비용, 일하더라도 집중을 하지 못해 발생하는 비용, 도박 중독자를 치료하는 도박 중독센터 운영 비용, 불법 도박업체를 단속하고 검거하는 경찰 비용 등이 무려 25조 원이에요. 이로움은 단 하나도 없이 사회에 해만 끼치는 게 바로 도박이에요. 도박은 한마디로 백해무익이에요.

로또 복권과 이탈리아

　매주 토요일 저녁 8시가 되면 로또 복권을 추첨해요. 로또 복권은 1에서 45까지의 숫자 중 6개를 선택해서, 모두 맞히면 1등에 당첨되는 방식이에요. 1등에 당첨될 확률은 8,145,060분의 1이에요. 이것은 길 가다 벼락 맞을 확률보다 낮아요. 그래서 로또 복권도 도박이에요. 도박은 불확실한 결과에 돈을 거는 모든 행위니까요. 물론 국가에서 허락한 합법적 도박이지만요. 매주 약 600만 명의 한국인이 로또를 사요. 그러니까 한국인 8명 중 최소 1명은 도박을 한다고 볼 수 있어요.

　로또(Lotto)는 행운을 뜻하는 이탈리아어예요. 17세기, 이탈리아 제노바 공화국 시민들은 6개월마다 정치인 후보 90명 중에서 자신들을 다스릴 정치인 5명을 제비뽑기하듯 무작위 추첨으로 선발했어요. 그러다 1620년, 이탈리아 사업가들이 기상천외한 아이디어를 생각해 냈어요. 후보 5명을 모두 맞힌 사람에게 상금을 주는 도박 게임을 만든 거예요. 참가비를 낸 사람만 이 도박에 참여할 수 있었는데, 이 참가비가 오늘날 로또 복권 가격의 원조예요.

　제노바 공화국 당국은 몹시 불쾌했어요. 정치인을 뽑는 신성한 민주적 절차에 불경하게 도박이라니! 제노바 공화국은 이 도박을 금지했어요. 하지만 시민들은 몰래몰래 이 도박을 계속했어요. 결국, 제노바 공화국 당국도 이 도박 게임을 합법화하고 대신 세금을 걷기로 했어요. 더 나아가 게임의 간소화를 위해 정치 후보자 이름을 숫자로 바꿨어요. 이를테면, 기호 1번, 기호 2번, 이런 식으로 말이에요. 참여자는 펜으로 90개의 숫자 중에서 6개를 표시했어요.

그런데 이 게임으로 걷은 세수(세금 수입)가 놀랄 만큼 많았어요. "뭐야? 이럴 줄 알았으면 진작에 합법화할걸 그랬잖아!"라며 제노바 정부 당국은 흥분했어요. 그래서 정치인 선출과 상관없는 추첨 게임 숫자를 늘리고, 추첨 간격도 일주일로 단축했어요.

제노바에서 시작된 로또는 곧 입소문을 타고 다른 지역으로 퍼져 나갔어요. 로또와 같은 사행성 도박을 국가가 막지는 못할망정 오히려 장려한다는 비난도 거셌지만 돈 부족에 쩔쩔매던 정부는 막대한 로또 세금을 포기할 수 없었어요. 유럽 국가들은 로또에서 징수한 세금을 사회복지 사업과 공공건물을 짓는 데 썼어요. 독일 쾰른에 있는 유명한 쾰른 성당도 로또 세금으로 지은 건축물이에요.

Chapter 4
알코올 중독

다음 별에는 술꾼이 살고 있었다. 어린 왕자가 물었다.
"거기서 뭐 하세요?"
"술을 마시지."
술꾼이 침울한 얼굴로 대답했다.
"왜 술을 마셔요?"
"잊기 위해서."
"무엇을 잊기 위해서예요?"
측은한 생각이 든 어린 왕자가 물었다.
"부끄럽다는 것을 잊기 위해서."
술꾼은 고개를 푹 숙였다.
"뭐가 부끄러워요?"
"술을 마시는 게."
어린 왕자는 고개를 갸웃거리며 그곳을 떠났다. 어린 왕자는 생각했다.
"어른들은 참 이상해."

-생텍쥐페리의 『어린 왕자』 중에서

술 취한 원숭이

인간은 언제부터 술을 마셨을까요? 예수님이 태어났던 약 2천 년 전? 4대 문명이 시작된 신석기 시대부터? 아무도 몰라요. 다만, 우리 인간이 최초로 술을 마신 생명체가 아니라는 건 확실해요. 술은 인류가 지구상에 출현하기 훨씬 오래전부터 자연에 존재하고 있었어요. 그 이야기를 하기 전에, 술은 어떻게 만들어지는지 알아보도록 해요.

세상에는 아주 많은 술이 있어요. 어떤 술은 그 나라를 대표해요. 한국의 막걸리, 일본의 사케, 중국의 고량주, 러시아의 보드카, 독일의 맥주, 프랑스의 와인, 스코틀랜드의 위스키 등등 맛도, 냄새도, 색깔도, 도수도, 원료도 달라요. 모든 게 다르지만, 만드는 원리는 동일해요. 모든 술은 당과 효모로 만들어져요.

당은 영어로 슈거(Sugar), 즉 단맛이 나는 물질이에요. 요리에 쓰이는 설탕과 올리고당도 당이고, 과일에는 단맛을 내는 과당이 들어 있어요. 또 밥이나 빵을 꼭꼭 씹으면 은은한 단맛이 나잖아요? 쌀, 밀, 보리와 같은 탄수화물에 포도당이라는 '당'이 들어 있기 때문이에요.

이 **당이 바로 술의 원료**예요. 막걸리는 쌀, 맥주는 보리, 고량주는 수수, 위스키와 보드카는 보리, 와인은 포도로 각각 만들어요. 여기에 효모라는 미생물을 집어넣어요. 효모는 영어로 이스트(Yeast)인데, 빵 반죽을 할 때 넣으면 빵이 먹기 좋게 부풀어 올라요. 이 효모란 녀석은 달달한 걸 아주 좋아해요. 그래서 탄수화물이나 과일을 잘근잘근 뜯어 먹어서 분해해요. 배불리 먹은 효모는 "꺼억!" 하며 트림하듯 뭔가를 뱉어 내는데 이것이 알코올이에요. 이 과정을 다른 말로 **발효**라고 해요.

과일은 인류가 출현하기 전부터 있었어요. 다 익은 과일이 떨어지면 대부분 썩지만, 일부 과일은 코끼리 발자국이 만든 웅덩이 같은 곳에 떨어졌다가 **효모를 만나 자연 발효되어 과일주로** 변하기도 해요. 그렇게 웅덩이에 고인 과일주를 지나가던 야생동물이 "이게 뭐야?" 하며 맛을 보기도 해요.

예를 들어, 중남미 박쥐는 주기적으로 과일주를 즐겨 마셔요. 어떤 꿀벌은 꿀을 채취하던 중에 몰래 과일주를 홀짝홀짝 마시는데, 너무 취해 주정을 부리는 애들도 있어요. 몸을 못 가누고, 비틀비틀 날다가 나무에 부딪혀 추락하고, 심지어 동료 벌에게 시비를 걸었다가 두들겨 맞기도 해요. 동남아시아에 서식하는 붓꼬리나무두더지도 2시간마다 발효된 야자 꿀을 마시는 술꾼이지만, 술버릇이 좋아서 꿀벌처럼 주사를 부리지는 않는다고 해요.

그렇다면 인간이 처음 마신 술도 막걸리처럼 직접 빚은 술이 아니라 중남미 박쥐나 벌이 마셨던 자연 발효된 과일주였을까요? 2014년 미국인 교수 로버트 더들리는 이것과 비슷한 주장을 했어요. 대략 이런 내용이

발효주와 증류주

발효주는 곡류나 과실을 효모와 세균을 이용해 발효시켜서 만든 술로, 포도주나 맥주, 청주 따위가 발효주이다. 발효 과정에서 다양한 맛과 향이 만들어지는데, 알코올 성분이 낮아 변질되기 쉽다는 단점이 있다. 증류주는 만들어진 술을 다시 증류하여 알코올 성분의 비율을 높인 술이며, 소주나 위스키, 브랜디 따위가 이에 해당한다.

에요. 지금으로부터 1천만 년 전쯤, 지구에는 인간과 원숭이의 공통 조상인 어떤 유인원이 살고 있었어요. 어느 날, 이 인류의 조상은 땅에 떨어져 자연 발효된 과일 술을 우연히 발견했어요. 호기심으로 마셨더니 기분도 알딸딸해지고 기운도 났어요. 새참으로 막걸리 한 사발 들이켠 농민들처럼 말이에요. 이때부터 인간은 술을 좋아하게 되었다는 거예요. 더들리의 주장은 흥미롭지만 이를 뒷받침할 만한 증거가 없어서 가설로만 머물렀어요. 그런데 2022년 미국 인류학자 캠벨 교수가 이끄는 연구팀이 파나마의 섬에 서식하는 거미원숭이가 알코올로 발효한 과일을 먹는 것을 발견하면서 '술 취한 원숭이 가설'은 입증되었어요. 더들리의 말대로, 인간이 술을 좋아하는 것은 천만 년 전부터 유전자에 각인된 본능일까요?

술을 마시면 왜 취할까?

 흔히 술을 알코올이라고 표현해요. 모든 알코올이 술은 아니에요. 알코올에는 메탄올, 에탄올, 프로판올, 부탄올 등등 종류만 수십 가지인데 술에 들어간 알코올은 에탄올이에요. 에탄올은 쌀, 보리, 밀 등 탄수화물이 발효하면서 생기는 물질이어서 별명이 '곡물 알코올'이에요. 요약하면, 술은 에탄올이 들어간 음료를 말하는데, 간단하게 알코올이라고 부르는 거예요.

인간이 마신 술은 식도를 타고 위에 도착해요. 이곳에서 알코올의 20퍼센트가 혈액으로 흡수되고, 다음 목적지인 소장에서 나머지 80퍼센트

알코올 도수

어떤 술은 독하고 어떤 술은 순하다. 그것을 알코올 농도로 표시한 것이 알코올 도수이다. 알코올 도수란, 술 100밀리리터에 함유된 에탄올의 양을 말한다. 예를 들어, 소주 도수가 15도라면, 소주 100밀리리터에 에탄올 15밀리리터가 들어 있다는 뜻이다. 우리나라 주세법은 알코올 도수 1도 이상의 음료를 술로 규정하고 있다. 그래서 1도 미만의 알코올은 탄산음료로 분류되기 때문에 미성년자도 구입할 수 있다.

가 혈액으로 흡수되어요. 이제 알코올은 혈관을 타고 이동하다 간에서 하차해요.

간은 우리 몸의 정화조예요. 인체에 들어온 독소나 약물을 해독하고 분해하는 곳이에요. 에탄올은 정도가 낮기는 하지만 독성 물질이에요. 그래서 간은 에탄올을 분해해 독성 없는 물질로 바꿔요. 이 작업은 꽤 복잡해서 총 2차에 걸쳐 이뤄져요.

먼저 1차예요. 간은 ADH라는 효소를 이용해 에탄올을 아세트알데히드라는 물질로 바꿔요. 그런데 아세트알데히드는 독성이 강한 물질이에요. 그래서 2차 작업이 필요해요. 간은 ALDH라는 효소를 사용해 아세트알데히드를 독성이 없는 아세트산이라는 물질로 바꿔요. 아세트산은 혈액에 섞여 우리 몸을 돌아다니다가 물과 이산화탄소로 분해되어 사라져요.

그런데 ALDH의 활성화는 사람마다 달라요. 어떤 사람은 ALDH의 활성화가 좋아서 아세트알데히드를 잘 분해하지만, 선천적으로 이 기능이 떨어지는 사람이 있어요. 이 차이 때문에, 같은 양의 술을 마셔도 멀쩡한 사람과 빨리 취하는 사람이 있는 거랍니다.

그런데 간이 처리할 수 있는 알코올은 한계가 있어요. 체중 70킬로그램의 보통 남성의 간은 한 시간에 소주 한 잔을 처리해요. 그 이상은 무리예요. 그런데 과음으로 대량의 술이 몸에 들어오면 간에 과부하가 걸려요. 그 결과 독성 물질 아세트알데히드가 2차 분해가 되지 않은 상태로 간 밖으로 내보내지고, 우리 몸 곳곳에서 탈이 나기 시작해요. 얼굴이 벌게지고, 동공이 확대되고, 심장 박동이 빨라지고, 먹은 것을 토해요.

알코올 사용 장애(AUD)

의학계에서는 알코올 중독보다는 '알코올 사용 장애(AUD, Alcohol Use Disorder)'라는 말을 쓰는데, 이것이 공식 질환명이다. 알코올 사용 장애의 원인은 유전적인 영향이 가장 크다. 부모 중 한 명에게 알코올 사용 장애가 있으면 자식에게 알코올 사용 장애가 생길 확률이 25퍼센트나 된다. 따라서 부모와 형제 중 한 사람이라도 알코올 사용 장애가 있으면 처음부터 술을 마시지 않는 게 좋다.

이게 끝이 아니에요. **분해되지 않은 알코올은 최종적으로 뇌에 도착**해요. 뇌는 신경세포 뉴런이 잔뜩 모여 있는 중요한 곳이에요. 신경세포들끼리 서로 정보를 교환하는 덕분에 우리는 느끼고, 판단하고, 사고하고, 움직일 수 있어요. **알코올은 신경세포를 교란해요.**

 신경세포가 맛이 간다는 것은, 버벅대는 컴퓨터를 사용하는 것과 같아요. 감각은 무뎌지고, 걸음은 휘청거리고, 말은 어눌해지고, 판단력은 흐려지고, 자제력을 잃어 감정의 기복이 심해지고, 충동적인 행동을 하기도 해요. 이것을 우리는 '술에 취했다'라고 말해요.

알코올 중독이 되는 이유

어른이 되면 술을 마실 기회가 많아져요. 신입생 환영회, 모임, 뒤풀이, 회식, 동창회 등 많은 술자리가 있어요. 어른은 미성년자보다 많은 권리를 갖지만 그만큼 책임져야 할 일도 많아요. 이성 관계, 취업, 승진과 해고, 성공, 부모와 자식의 역할 등등. 어른이 된다는 건 스트레스 받을 일이 늘어난다는 뜻이기도 해요.

그래서 어른들은 술을 마셔요. **술은 기본적으로 기분을 가라앉히는 진정제예요.** 술을 마시면 진정이 되고 편안해지고 기분이 좋아져요. **술에 함유된 에탄올이 뇌를 자극해서 도파민과 행복을 느끼게 해 주는 신경 전달 물질인 세로토닌이 동시에 분비되기** 때문이에요. 뇌는 알코올이 들어왔을 때의 이 기분 좋은 기억을 저장해 둬요. 그래서 다음번에도 스트레스를 받으면 우리는 자연스럽게 술을 찾게 되는 거랍니다.

하지만 스트레스를 받을 때마다 습관적으로 술을 마시면 우리 몸에 알코올 내성이 생겨요. 같은 양의 술을 마셔도 예전만큼 즐겁지 않아서 음주량을 계속 늘려야 해요. 이렇게 오랜 시간에 걸쳐 많은 술을 마시면 인

체도 자연스럽게 술에 맞춰져요. 음주를 중단하면 생체 밸런스가 붕괴하여 다양한 금단 증상이 나타나요. 쉽게 잠들지 못하고, 안절부절 불안해하고, 손발이 떨리고, 몸에 벌레가 기어가는 듯한 끔찍한 환각과 헛것이 보이는 환영을 체험해요.

몸이 이렇게 망가졌는데도, 대부분의 알코올 중독자는 자신이 알코올을 통제할 수 없다는 사실을 인정하지 않아요. "아냐! 난 아니야!" 하고 계속 부인한다고 해서 일본에서는 알코올 중독을 '부인의 병'이라고 불러요. 알코올 중독자는 마음만 먹으면 언제든 술을 끊을 수 있다고 생각해요. 보란 듯이 금주를 선언하고 냉장고 가득 채워 둔 술병을 내다 버리기도 해요. 얼마 못 가 다시 술을 입에 대지만 말이에요.

연구에 의하면 알코올은 최소 200종류 이상의 질병과 관련이 있는 것으로 밝혀졌어요. 특히 뇌는 알코올 공격에 대단히 취약한 곳이에요. 알코올 중독자의 뇌는 일반인의 것보다 작은데, 알코올이 뇌 신경을 지속적으로 파괴해 뇌 신경 부피가 작아졌기 때문이에요. 또 알코올은 뇌압을 상승시켜서 두통을 일으키고, 뇌세포를 파괴해 기억력이 감퇴하는 알코올성 치매를 일으키기도 해요.

오늘날 3명 중 1명이 술을 마시고 있으며, 전 세계에서 300만 명이 매년 음주로 사망하고 있어요. 이는 전체 사망 원인의 5퍼센트 이상이에요. 또 약 2억 3700만 명의 남성과 약 4600만 명의 여성이 알코올 중독을 앓고 있어요. 세계보건기구(WHO)는 알코올을 모르핀, 코카인, 필로폰 등의 마약과 함께 의존성 물질로 지정했어요.

없으면 만들어서 마신다!

 '마누라 없이는 살아도, 흑빵과 보드카 없이는 못 산다.'라는 러시아 속담이 있어요. 러시아 사람들이 술을 얼마나 사랑하는지 알 수 있는 속담이지요. 체코슬로바키아에서 작전 중이던 소련군 기갑부대원 4명은 목이 말라 가까운 술집에 탱크를 세웠어요. 그리고 엿 바꿔 먹듯 보드카 2박스에 탱크를 팔았어요. 1985년 8월에 발생한 사건이었어요.

 러시아인의 술 사랑은 각별해요. 지금은 과거보다 적게 마시지만, 21세기 초까지 러시아는 세계에서 가장 많은 술을 소비하는 국가 중 하나였어요. 당시 러시아 국민은 1년 동안 맥주 120억 리터, 보드카 19억 리터, 포도주 8억 리터, 샴페인 2.3억 리터 코냑 1.3억 리터를 먹어 치웠어요. 이는 한 사람이 알코올 도수 40도인 보드카 90병을 마신 것과 같은 양이에요.

 2020년 세계보건기구(WHO)의 발표에 의하면, 전 세계 15세 이상은 매년 1인당 약 6.4리터의 술을 마시는데, 러시아인은 2배에 가까운 11.5리터를 마셔요. 18세 이상 성인 중에서 알코올 중독자가 차지하는 비율인 알코올 중독률 순위에서 러시아 남녀는 사이좋게 세계 1위에 올랐어요. 덧붙이면, 한국 남자의 알코올 중독률은 아시아에서 가장 높은 순위인 4위였어요.

 러시아 정부는 이 심각한 알코올 문제를 어떻게든 해결하고 싶었어요. 술은 음주 운전 사고를 일으키고, 사망률을 높였으며 가정 폭력의 원인까지 제공했거든요. 소련군이 탱크와 보드카를 맞바꾼 사건이 일어나기 2달 전인 1985년 6월, 러시아 서기장 고르바초프는 '반 알코올 정책'을 발표했어요. 소련 정부는 술을 파는 상점의 종류와 술 판매 시간을 제한하고, 다수의 보드카 양조장을 폐쇄하고, 같은 연방 국가이자 와인 생산지인 몰다비아, 아르메니아, 그루지야(지금의 조지아)의 포도밭을 파괴했어요. 사실상 금주령이었어요. 고르바초프는 지도자로서 솔선수범하는 의미로 크렘린 궁전에서 열리는 파티나 만찬 회장에서 술 대신 미네랄워터를 갖다 놓으라고 지시했어요. 소련 국민은 이런 고르바초프에게 '광천수(미네랄워터) 서기장'이라는 별명을 지어 줬어요.

반 알코올 정책을 실시한 후 소련 내 주류 소비는 크게 감소했어요. 평균 수명은 늘어났고 범죄 발생률은 줄어들었어요. 반 알코올 정책은 성공한 것처럼 보였어요. 하지만 통계 수치가 모든 현실을 오롯이 반영하지는 않아요. 정부가 술을 규제한다고 해서 순순히 술을 포기한다면 그건 러시아인이 아니에요. 사람들은 집에 소형 양조장을 설치하고 설탕과 물, 효모를 섞어 만든 사모곤이라는 술을 담가 먹었어요.

사모곤을 구하지 못한 사람은 향수, 화장품, 로션, 광택제, 살충제, 심지어 구두약까지, 알코올이 조금이라도 들어간 물건에서 알코올을 추출한 다음 맥주나 물에 타서 마셨어요. 같은 알코올이니까 괜찮지 않을까 하며 공업용 알코올을 마셨다가 눈이 멀고 사망한 사람도 있었어요. 1987년, 소련은 반 알코올 정책을 중지했어요.

Chapter 5
인터넷 중독

1995년의 어느 날, 대학원생 킴블리 영은 친구의 전화를 받았다.

친구는 남편이 인터넷 채팅에 빠져 있다고 하소연했다.

"일주일에 60시간을 해! 시간당 요금이 무려 2달러 95센트야."

"세상에!"

결국, 친구의 남편은 채팅에서 만난 여자와 사귀게 되었고 두 사람은 이혼했다. 영은 이해할 수 없었다. 당시만 하더라도 인터넷은 정보 습득과 의사소통을 위한 편리한 도구로 인식되고 있었다. 이런 인터넷에 사람이 빠진다는 게 영은 믿기지 않았다.

"인터넷이란 거, 어쩌면 마약이나 알코올처럼 사람들을 중독시킬 수도 있지 않을까?"

영은 온라인에서 인터넷 중독에 관한 설문 조사를 시작했다. 그러자 마치 기다렸다는 듯, 미국 전역으로부터 인터넷 중독을 겪는 사람들이 사연을 보내 왔다. 인터넷 때문에 졸업을 못 한 학생, 해고된 직장인, 불면증에 빠진 미성년자 등등. 영은 잡지에 인터넷 중독 칼럼을 게재하고 인터넷 중독 센터를 설립했다. 1998년에는 인터넷 중독을 식별하는 최초의 책도 출간했는데, 언론과 학자들은 바보 같다며 비웃었다.

'인터넷에 중독된다니, 이 여자 제정신이야?'

2019년 영은 53세의 나이로 사망했다.

오늘날 영은 인터넷 중독이라는 영역을 처음 개척한 선구자로 사람들의 존경을 받고 있다. 그녀가 고안한 인터넷 중독 자가진단법 IAT는 지금도 한국을 포함해 많은 나라에서 사용하고 있다.

인터넷은 어떻게 만들어졌을까?

2023년 기준, 전 세계 인터넷 사용자는 10명 중 6명꼴인 46억 명이에요. 이들 중 약 92퍼센트가 스마트폰과 같은 휴대 전화로 매일 약 395분을 접속해요. 웹사이트 숫자는 11억 개 이상이며, 3초마다 새로운 웹사이트가 만들어지고 있어요. 통신과 쇼핑, 대중교통 예약, 게임, 주식 거래, 심지어 군사 작전까지, 인터넷 없는 우리의 생활은 상상도 할 수 없어요.

그렇다면 이 편리한 인터넷은 누가 처음, 그리고 어떤 목적으로 만들었을까요? 구글과 같은 세계적인 IT 기업일까요? 아니면 가성에 인터넷을 설치해 주는 통신회사일까요? 그것도 아니면 아인슈타인 같은 천재 물리학자일까요? 인터넷은 한 사람이 만든 게 아니에요. 수십 년의 시간 동안 수많은 기술자가 열정으로 만든 합작품이에요. 그 시작은 70년 전 소련이 대기권 밖으로 쏘아 올린 인공위성으로부터였어요.

2차 세계대전이 끝난 후 미국과 소련은 세계 패권을 놓고 치열하게 경쟁 중이었어요. 으르렁대기만 할 뿐 실질적인 무력 충돌은 없었어요. 상대도 나 못지않게 강한 걸 아니까 서로 조심스러웠던 거예요. 싸늘한 신경전만 펼쳤다고 해서 이 시기를 냉전 시대라 불러요.

그러던 1957년 어느 날, <mark>소련은 세계 최초로 인공위성 발사에 성공</mark>했어요. 미국 사회는 충격에 휩싸였어요. 인공위성을 쏘아 올렸다는 것은 우주 상공에서 핵미사일을 발사할 수 있다는 의미였어요. 우주에서 내리꽂는 핵미사일은 레이더가 식별할 수 없고 중간 요격도 불가능해요.

"만일 핵이 떨어지면 중요 기밀문서가 저장된 국방부 컴퓨터도 파괴될 거야."

<mark>미국은 소련의 핵 공격에 대비해 국방부 컴퓨터를 여러 대로 나누고 서로 연결해서 끊기지 않는 네트워크를 만들었어요. 이 네트워크가 현대 인터넷의 시초인 아파넷(ARPANET)</mark>이에요.

1969년 10월 29일, 미국 연구원들은 아파넷으로 UCLA 대학 컴퓨터에 접속해 북쪽으로 560킬로미터 떨어진 스탠퍼드 대학 컴퓨터에 L, O, G, I, N, 다섯 글자를 전송했어요. 메시지를 전송한 직후 시스템이 다운되면서 스탠퍼드 대학이 수신한 것은 첫 두 글자 'LO'였어요. 그럼에도 불구하고 인터넷 역사에 길이 남을 역사적인 첫 정보 전송이었어요.

1971년 미국인 프로그래머 레이 톰린슨은 자신의 컴퓨터에서 35미터 떨어진 컴퓨터로 메시지를 보내는 데 성공했어요. 사용자끼리 인터넷으로 메시지를 주고받는 최초의 시스템, 바로 이메일의 탄생이에요. 이메일 주소에 들어가는 일명 '골뱅이'라 불리는 @을 처음 사용한 사람도 톰린슨이었어요.

1989년 영국 출신 물리학자 팀 버너스리는 스위스의 유럽입자물리연구소에서 일하고 있었어요. 그곳에는 언어도 국적도 다른 물리학자들이 많

앉어요. 버너스리는 생각했어요.

'지역도, 언어도 다른 사람들끼리 정보를 쉽게 공유할 방법은 없을까?'

그때까지 인터넷은 이메일을 사용하는 것처럼 문자 형태로만 주고받을 수 있어요. 버너스리는 여기에 사진, 그림, 음성도 주고받을 수 있는 프로그램인 월드와이드웹(World Wide Web)을 개발했어요. 월드와이드웹은 세계를 연결하는 망이란 뜻인데, 줄여서 www라고 표기해요.

www는 비유하자면 인터넷상에 존재하는 사이버 도서관이에요. 이 도서관에 꽂힌 책은 HTML이라는 단일 언어로 쓰여 있어요. 책의 페이지 한 장 한 장을 웹페이지, 이 웹페이지를 모아 놓은 책을 웹사이트라고 각각 불러요. 오늘날 우리가 웹서핑을 즐길 수 있는 것도 버너스리 덕분이에요. 사람들은 그를 인터넷의 아버지라고 불러요.

더 많은 사람을 중독시켜라

여러분은 하루에 몇 번 휴대 전화를 확인하나요? 자다가 깼을 때 다시 잠을 청하는 대신 손을 뻗어 머리맡에 놓아둔 휴대 전화를 집어 들지는 않나요? 페이스북, 인스타그램, 트위터, 유튜브에 오랫동안 접속하지 않으면 혹시 불안함을 느끼나요?

'그거 다 내 이야기인데.'라고 생각하는 사람은 자신이 인터넷 중독일 수도 있다는 것을 진지하게 고민할 필요가 있어요.

한 연구에 따르면, 성인은 보통 하루에 약 30번 휴대 전화를 확인하는데, 2~30대는 그 다섯 배인 150번을 확인해요. 또 이 젊은 세대의 절반은 깨어 있는 동안 휴대 전화를 확인하지 않고 5시간을 버틸 수가 없으며, 79퍼센트는 한밤중에 깨면 습관적으로 휴대 전화를 다시 확인한다고 해요.

인터넷 중독을 부끄러워하거나 자책할 필요는 없어요. 그것은 여러분의 잘못만은 아니에요. 왜냐하면, 페이스북, 인스타그램, 트위터, 유튜브 등등, 스마트폰에 설치된 수많은 소셜 미디어는 그런 목적으로 고안되었기 때문이에요. 여러분을 중독시키기 위해서 말이에요. 2007년 11월, 페이스북 초대 사장이었던 숀 파커는 은밀한 사실을 털어놓았어요.

"페이스북의 목표는 사람들이 더 많은 시간과 생각을 플랫폼에 쏟아 붓게 만드는 것이다. 그래서 우리는 '좋아요(Like)'와 댓글 기능을 만들었다. 이용자들은 '좋아요' 버튼이 눌러질 때마다 도파민이 분출되어 쾌락을 느끼게 될 것이고, 여기에 잔뜩 고무되어 더 많은 콘텐츠를 올릴 것이다. 페이스북은 인간 심리의 취약성을 악용한 프로그램이다."

사람들은 SNS에 최근 개봉한 영화의 평을 쓰고, 어제 레스토랑에서 먹었던 요리 사진과 5개월 된 강아지의 귀여운 동영상을 올려요. 이때 뇌에서 다량의 도파민이 분비되어요. 왜냐하면 자신이 올린 콘텐츠에 사람들이 어떤 반응을 보일지 예측할 수 없기 때문이에요. 그리고 우리 뇌는 예측이 불확실할 때 더 많은 도파민을 분비하는 경향이 있어요. 도박에서처럼 말이에요. 이것이 사람들이 매일 소셜 미디어에서 많은 시간을 보내는 이유예요. 소셜 미디어의 기술은 애초에 우리가 중독에 빠지도록 설계되었고, 기술이 제공하는 만족감은 마약이나 도박에서 느끼는 그것과 본질적으로 같아요.

존스 가족 따라잡기

〈존스 가족〉은 1913년부터 1938년까지 미국 일간지에 연재된 만화예요. 정작 만화에는 존스 가족이 등장하지 않고 대신 이웃들이 나와서 이러쿵저러쿵 존스네의 뒷담화를 해요.

"들었어? 그 집 이번에 또 새 차를 샀대."

"그 집 정원이 그렇게 크고 멋있다던데 사실이야?"

존스네는 전형적인 미국의 중산층 가족으로 묘사되고 있어요. 동네 주민은 경쟁하듯 존스네가 구입한 물건을 사고, 존스네가 한 일을 따라 해요. 그렇게 하면 자신들도 중산층으로 인정받는다고 믿기 때문이에요. 이렇게 이웃과의 비교를 통해 자신의 가치를 평가하는 현상을 미국에서는 존스네 가족 따라잡기, 혹은 이웃 효과라고 불러요.

인터넷의 소셜 미디어는 존스네 가족 따라잡기 현상이 가장 적나라하게 구현되는 공간이에요. 인스타에 올린 해외 휴양지나 5성급 호텔 수영장 사진, 미슐랭 등급을 받은 레스토랑 음식 사진들, 연구에 따르면 소셜 미디어 사용자의 25퍼센트가 다른 사람의 게시물에서 질투를 느낀다고 해요. 그리고 자신들도 뒤지지 않으려고 비슷한 사진을 올리고요.

모든 사람이 그런 것은 아닐 거예요. 하지만 남과 비교하는 것은 인간의 본성이고, 많은 이용자가 자신의 가치나 정체성을 타인의 평가로 규정받으려고 하는 것은 부정할 수 없는 사실이에요. 기대한 만큼의 '좋아요!'나 댓글이 없으면 침울해지고 자존감은 추락하고 자신을 혐오하는 감정까지 솟아나요. 자기 확신이 없는 사람은 타인의 시선에 신경을 쓸 수밖에 없어요.

그래서 사람들은 더욱 자극적이고 눈에 띄는 게시물을 올리기 위해 안간힘을 써요. 사진에 보정 필터를 쓰고, 음식 사진이나 기념물 앞에서 가장 행복해 보이는 미소를 연출해요.

런던 대학 연구에 따르면 여성의 90퍼센트가 소셜 미디어에서 셀카를 공유할 때 필터를 사용한 적 있다고 답변했어요. 소셜 미디어에 중독되는 이유 중 하나는 아름다움을 향한 터무니없는 갈망이에요. 이런 감정은 자칫 자기혐오나 자기 학대와 같은 나쁜 결과를 초래할 수 있어요.

게임 중독은 질병일까?

중국 톈진에 거주하는 13세 소년 장 샤오이는 착하고 성적도 우수한 모범생이었어요. 샤오이의 부모는 아들을 몹시 자랑스러워했어요. 샤오이가 어떤 인터넷 게임에 빠지기 전까지 말이에요.

어느 날, 소년의 부모는 자고 있어야 할 아들이 매일 밤 PC방에서 밤을 새운다는 사실을 알아냈어요. 부모는 PC방으로 달려가 게임 중인 아들을 데려왔지만, 다음 날이면 샤오이는 또 PC방으로 갔어요. 부모와 아들의 숨바꼭질은 오랫동안 계속되었어요.

애가 탄 샤오이의 부모는 아들을 엄하게 꾸짖었어요. 샤오이는 눈물을 흘리며 자신은 게임에 중독되었고 더 이상 자신을 통제할 수 없다고 털어놓았어요.

2004년 12월 27일, 샤오이는 PC방에서 36시간 연속 게임을 한 다음 24층 건물 옥상에서 뛰어내렸어요. 샤오이가 남긴 유서에는 자신이 숭배했던 게임 속 영웅들과 함께하고 싶다고 적혀 있었어요.

중국에는 서울 인구보다 많은 1천만 명 이상의 게임 중독자가 있어요. 또 미성년자의 10명 중 3명이 게임 중독 상태예요. 발등에 불이 떨어진

GAME OVER

not again! fail

중국 정부는 게임을 정신적 아편, 혹은 전자 헤로인이라 부르며 게임 산업을 압박했어요. 중국만 그런 것이 아니에요. 지구상에는 약 30억 명의 인구가 게임을 즐기는데 그중 약 2퍼센트인 6천만 명 이상이 게임 중독을 앓고 있어요.

2013년 미국 정신의학회는 인터넷 게임 장애를 질병으로 인정했어요. 마약, 도박, 알코올과 마찬가지로 게임이 사람의 뇌를 자극해 도파민을 과다하게 분비시켜 이용자를 중독에 이르게 한다고 판단한 거예요. 2019년 세계보건기구(WHO)는 게임 중독에 질병 코드를 부여했어요. 그리고 회원국인 우리나라에도 이 방식을 따를 것을 권고하고 있어요.

그런데 질병 코드가 뭘까요? 우리가 병원에 가서 진료를 보고 나면 의사는 처방전이나 진단서를 작성해요. 거기에 알파벳과 숫자로 조합된 코드가 있어요. 이것이 질병 코드예요. 보통 사람들은 이게 뭔 말인가 싶지만, 의료인들은 코드만 보면 병명이 감기인지, 폐렴인지 알 수 있어요. 덧붙이면 마약 중독 코드는 T40, 도박 중독 코드는 F6 1.0, 알코올 중독 코드는 F10이에요.

세계보건기구(WHO)는 게임 사용 장애(게임 중독)에 '6C51'이라는 질병 코드를 부여했어요. 이것은 정신, 행동, 신경 발달 장애 항목에 속해요. 쉽게 말해, 게임 중독은 정신 질환이라는 뜻이에요. 감기나 무좀이라면 몰라도, 정신 질환이라면 신중하게 판단할 필요가 있어요. 만일 우리나라가 세계보건기구의 권고를 받아들인다면, 게임 중독자로 판명된 청소년은 정신과에 가서 상담하고 약물 치료나 행동 치료를 받아야 해요. 그래도 호전되지 않으면 정신병원에 강제로 입원할 수도 있어요. 인권 침해라는 말이 나올 수도 있는 예민한 문제예요.

　게임을 마약, 도박, 알코올과 같은 선상에 올려놓는 것은 지나치다는 주장도 있어요. 게임을 할 때 도파민이 분비되지만, 평소보다 30퍼센트 많은 양으로, 그 정도는 우리가 맛있는 식사를 할 때 나오는 수치와 비슷하다는 거예요. 그 밖에 게임은 스트레스를 해소해 주고, 뇌를 활성화해 교육 효과를 증진하는 순기능도 있는데, 게임 중독에 질병 코드가 부여되면 한국 게임 산업이 크게 위축될 수도 있어요.

　게임 중독에 질병 코드 부여를 놓고 찬성과 반대가 팽팽해서 맞서고 있어서 우리나라는 몇 년째 결론을 못 내리고 있어요. 한국은 어떤 선택을 하게 될까요?

공포의 인터넷 중독 치료 캠프

 가족 나들이를 가자는 부모의 말에 슝은 순순히 따라나섰어요. 슝의 가족을 태운 택시는 600킬로미터를 달려 어느 건물 앞에 멈췄어요. 콘크리트 담장과 철조망으로 빙 둘러쳐진 곳이었어요. 인터넷 중독자를 치료하는 인터넷 중독 치료 캠프였어요.

 속았다는 것을 깨달은 슝은 버둥거렸어요. 슝은 이곳에 대한 이상한 소문을 들은 적 있어요. 군복을 입고 생활해야 하며, 이상한 약을 먹이고, 말을 안 들으면 때리고, 그래서 사망자까지 나왔다는 무서운 이야기를 들었었지요. 슝은 안 들어가겠다고 울부짖었지만, 부모는 매정하게 아들을 그곳에 남기고 돌아갔어요.

 중국에서 인터넷 중독 치료 캠프가 등장한 것은 2002년 베이징에서 발생한 사건이 계기였어요. PC방 출입을 거부당하자 격분한 미성년자 4명이 PC방에 불을 질러 25명이 사망한 끔찍한 참사였어요. 이 방화 사건으로 인터넷 중독에 빠진 미성년자는 몹시 위험한 잠재적 범죄자라는 인식이 중국 사회에 확산되었어요. 그래서 중국 전역에 인터넷 중독자를 치료하는 인터넷 중독 치료 캠프가 300개 이상 만들어졌어요. 인터넷 중독자들이 캠프에서 규칙적인 생활을 하고 적절한 육체 훈련과 의학적 치료를 받는다면 인터넷 중독은 말끔히 치료될 수 있다는 게 캠프의 설립 취지였어요. 인터넷과 게임에 빠진 아이들 때문에 골머리를 앓던 중국 부모들은 앞다투어 캠프에 아이들을 보냈어요.

하지만 실상은 참혹했어요. 캠프 관계자들은 아이들에게 해병대 훈련을 방불케 하는 가혹한 훈련을 요구했고, 규율을 위반한 아이에게는 구타와 체벌, 전기 충격이 가해졌어요. 의료진은 먹으면 정신이 멍해지는 수상한 알약을 매일 지급했어요. 약 먹기를 거부한 아이들은 실컷 두들겨 맞은 다음 독방으로 보내졌어요. 매질에 견디다 못 해 사망한 소년도 있었어요.

인터넷 중독 치료 캠프의 참담한 실상이 공개되고 언론과 여론의 비난이 쇄도하자, 치료 캠프를 지원하던 중국 정부는 슬쩍 발을 뺐고, 시설의 상당수는 문을 닫았어요.

Chapter 6
중독 치유

여고생 K는 하루에 18시간 인터넷을 보는 인터넷 중독자이다. '딱 한 시간만 봐야지!'라고 늘 생각하지만 멈출 수 없다. 학업 스트레스를 풀기 위해 인터넷을 보는 거라고 자신을 변명했지만 이러다가는 큰일 나겠구나 하는 위기감이 들었다.

K는 인터넷 중독자를 치유하는 캠프가 있다는 이야기를 듣고 신청서를 냈다. 치유 캠프는 산밖에 보이지 않는 외딴곳이었다. K처럼 인터넷 중독인 10명의 아이가 참가했다.

각오는 했지만 입소 첫날 스마트폰을 압수당하자, 산소를 빼앗긴 것처럼 숨이 턱턱 막혔다. 앞으로 4주나 남았는데 스마트폰 없이 어떻게 견딜지 막막했다. 몇몇 아이들은 돌아가겠다고 소리를 질렀다.

시간이 흐르고 아이들은 점점 스마트폰이 없는 생활에 익숙해졌다. 편을 갈라 운동을 하고, 사진을 찍고, 비누 조각도 만들었다. K는 집에 돌아가도 인터넷 보는 시간을 줄일 수 있겠다는 생각이 들었다.

중독에는 완치가 없다

헤로인 중독에 맞서 고군분투하는 미국 웨스트버지니아주 세 여성의 모습을 담은 다큐멘터리 〈헤로인 vs 히로인〉을 보면 이런 내용이 나와요.

운전 중이던 헌팅턴 소방서장 젠 레이더에게 긴급 무선이 들어옵니다. 한 남자가 자신의 방에서 쓰러졌다는 내용이었어요. 레이더가 현장에 도착했을 때 남자는 거의 숨을 쉬지 않았어요. 베테랑 소방관 레이더는 남자가 헤로인을 복용했다는 걸 알아차렸어요. 레이더는 비염 스프레이처럼 생긴 약을 남자의 코에 대고 분사했어요. 남자는 다시 숨을 쉬었고 이윽고 의식이 돌아왔어요.

남자의 목숨을 구한 약의 이름은 날록손이에요. 헤로인과 같은 아편계열(오피오이드) 마약은 호흡기관에 달라붙어 숨을 못 쉬게 하는 특징이 있는데, 날록손은 이 기관에 들러붙은 마약을 떼어 내는 특효약이에요.

날록손은 매년 수만 명이 넘는 마약 중독자의 생명을 구하고 있어요. 날록손의 효과가 알려지자 미국 정부는 2023년부터 처방전 없이 약국에서

살 수 있도록 했어요. 하지만 날록손은 응급약일 뿐이에요. 마약 중독을 낫게 하는 치료제는 없어요.

상처 난 피부에 연고를 바르면 며칠 후 새살이 돋아요. 부러진 뼈는 깁스하고 안정을 취하면 다시 아물어요. 중독도 질환이에요. 안타깝게도, 중독을 깨끗이 낫게 해 주는 약이나 치료법은 없어요.

2011년 미국의 중독성 약물학회는 '중독은 만성 뇌 장애'라고 공식적으로 인정했어요. 뇌에 문제가 생기면 의지력, 판단력에도 덩달아 문제가 생겨요. 그래서 평소에 참을성 있고 의지력이 강한 사람도 중독이 되면 무기력해져 중독 행동을 멈추지 못해요. 이것이 중독의 무서움이에요.

담배를 예로 들어 볼까요? 담배는 4대 중독에는 들어가지 않지만, 중독성이 강한 물질이에요. 담배에 든 니코틴은 헤로인, 코카인에 맞먹는 중독성을 갖고 있어요. 이 니코틴 성분이 뇌를 자극해 도파민이 분비되기 때문이에요.

많은 흡연자가 건강을 위해 금연을 시도하지만, 성공률은 높지 않아요. 보통 10명 중 6명이 6개월을 넘기지 못해요. 그렇다고 '나머지 4명은 금연에 성공했다!'라고 말할 수도 없어요. 5년, 10년을 금연하고 다시 피우는 사람도 허다해요. 그래서 담배는 끊는 게 아니라 평생 참는 거라고 말을 해요.

4대 중독도 마찬가지요. 중독은 고혈압이나 당뇨처럼 평생 관리해야 하는 질병이에요. 소홀히 하거나 방심하면 언제든 재발할 수 있어요. 중독에 완치라는 개념은 없어요.

최고의 치료는 예방

 중독을 완치시킬 수는 없지만, 상태를 호전시킬 수는 있어요. 그것만으로도 중독되기 전의 건강하고 건전한 생활로 돌아갈 수 있어요. 그것이 중독자가 선택할 수 있는 최선의 방법이에요. 그러려면 먼저 자신이 중독자라는 것을 받아들여야 해요. 중독자 대부분은 이 불편한 진실과 마주하는 것을 기피해요. 중독자라는 사실이 부끄럽고 치료받는 게 두렵기 때문이에요. 중독 치료는 자신이 중독자라는 것을 인정하는 것에서부터 시작되어야 해요.

마음의 준비가 끝나고 결심이 섰으면 병원과 같은 의료기관에서 전문가로부터 진단을 받아야 해요. 어떤 중독이냐에 따라 치료법은 달라져요. 또 같은 중독이라고 해도 사람에 따라 증상은 달라요. 그래서 정확한 진단이 필요해요. 그런 다음 상담을 통해 치료 계획을 세워요.

마약 중독 치료는 중독자의 증상이 심각할 경우 우선 입원을 한 다음 금단 증상을 완화하는 약물을 처방받고, 정신, 인지 행동, 동기화 훈련, 재활 치료를 받아요. 도박 중독 치료 방법에는 입원 치료, 약물 치료, 상담, 재활 등이 있어요. 또 도박을 끊는 단도박 모임에도 참여해야 해요. 알코

인지 행동 치료와 단도박 모임

인지 행동 치료란 중독자들의 잘못된 생각이나 믿음을 교정해 주는 치료를 말한다. 단도박 모임은 도박 중독자들이 모여서 자신의 처지와 생각을 이야기하면서 서로 격려하고 지지를 하는 모임이다. 중독 치료에는 많은 시간과 그 시간을 견디는 인내가 필요하다. 쉬운 일이 아니며 어쩌면 평생이 걸릴 수도 있다. 버티지 못하고 다시 중독자로 돌아가는 사람도 많다. 빠지기는 쉽지만 돌이키기는 어려운 중독. 중독은 남녀노소를 가리지 않기 때문에 누구라도 중독자가 될 수 있다. 최고의 중독 치료는 예방뿐이다.

올 중독 치료 방법에는 입원 치료, 약물 치료, 상담, 재활, 중독자들이 참여하는 자조 모임 치료 등이 있어요.

인터넷 중독을 치료하는 방법으로는 스마트폰을 대신할 수 있는 일상생활로 채워 보는 대안 활동, 인터넷 가용 패턴 분석 및 생활 관리, 스트레스 관리, 인지 행동 치료, 약물 치료, 입원 치료 등이 있어요.

중독 치료에는 많은 시간과 그 시간을 견디는 인내가 필요해요. 쉬운 일이 아니에요. 어쩌면 평생이 걸릴 수도 있어요. 버티지 못하고 다시 중독자로 돌아가는 사람도 많아요. 빠지기는 쉽지만 돌이키기는 어려운 중독. 중독은 부자와 가난한 자, 남자와 여자, 노인과 어린이를 가리지 않아요. 누구라도 중독자가 될 수 있어요. 그래서 늘 조심하고 또 조심해야 해요. 최고의 치료는 예방이에요.

도파민도 단식이 필요해

 4세 미만의 아이들이 강의실에 모였어요. 교수가 아이들에게 마시멜로를 하나씩 나눠 줬어요.

"내가 잠시 나갔다 올 건데, 내가 돌아올 때까지 마시멜로를 먹지 않으면 두 개를 줄게."

교수는 15분 후에 돌아왔어요. 그사이 아이들의 3분의 1은 마시멜로를 먹어 치웠고, 3분의 2는 꾹 참고 기다렸다가 두 개를 받았어요.

10여 년 후, 교수는 고등학생이 된 그때 아이들이 어떻게 지내고 있는지 찾아봤어요. 15분을 참았던 아이들의 시험 점수는 마시멜로를 먼저 먹은 아이들보다 200점이나 높았어요. 이 아이들이 성인이 되었을 때 유혹을 견딘 아이들은 그렇지 못한 아이들보다 비만율이 낮았고, 긍정적이었으며 안정적이고 성공적인 사회인으로 살고 있었어요. 1966년, 스탠퍼드 대학에서 실험한 '마시멜로 실험'이에요.

마시멜로도 도파민과 비슷해요. 어떤 보상은 답답할 정도로 느리게 주어져요. 밭을 모두 매야만 쉴 수 있는 농부처럼 말이에요. 하지만 할 일을 마친 농부는 뇌에서 분비되는 도파민 덕분에 기분 좋은 피곤함을 느낄 수 있어요. 그 느낌이 농부가 다음 날에도 힘을 내 밭으로 일하러 가게 만들어요. 학생, 직장인, 스포츠 선수, 아이를 키우는 부모까지, 꿈과 목표가 있는 모든 선량한 사람들은 이 느리지만 확실한 보상 회로에 의해 하루하루를 알차게 살아가요. 이것을 지연 보상이라고 해요. 지연 보상에서 도파민 분비량은 많지 않아서 우리는 중독이 되지 않아요.

문제는 빠른 시간에 대량의 도파민이 분비되는 경우예요. 대표적인 것이 마약과 도박, 단 음식, 게임, 유튜브 영상 등등이에요. 이것을 즉각적인 보상이라고 불러요. 즉각적인 보상은 땀 흘려 노력하지 않아도 쉽게 얻을 수 있어요. 그저 코카인을 흡입하거나, 달콤한 음식을 입에 넣거나 화려한 그래픽의 게임을 하는 것만으로도 다량의 도파민이 분비되니까요. 사실, 뇌도 복잡한 것을 싫어해요. 쉬운 자극에 익숙해진 뇌는 느려 터진 지연 보상보다는 효과 빠른 즉각적인 보상을 요구해요. 그렇게 많은 사람이 자신도 모르게 중독자가 되어 가고 있어요.

오늘날 우리는 자극적 쾌락이 넘쳐나는 도파민의 홍수 시대를 살고 있어요. 기술 혁신과 발전은 물질적 삶의 수준을 높였지만 동시에 정신적 자립 수준을 약화시켰어요. 그 결과 중독의 종류도 다양해졌고 중독자들도 크게 늘어났어요. 자극적 보상에 익숙해진 뇌를 이전으로 되돌리려면 지연 보상에서 보람과 즐거움을 찾아야 해요. 쉽지 않겠지만 진정한 보상은 시간을 들인 노력의 대가로 주어진다는 것을 잊지 말아야 해요.

스마트폰을 내려놓고 책을 펼치세요. 게임 화면을 끄고 햇빛 아래로 나가 산책을 해 보세요. 과당과 탄산음료를 줄이고 물을 많이 마시세요. 쇼핑몰 알람도 해제하세요. 도파민도 단식이 필요해요.